片隅の美術と文学の話

酒井忠康

求龍堂

片隅の美術と文学の話

もくじ

I

美術と文学

志賀直哉と「美術」

随分前に、私は広津和郎の「志賀直哉と古赤絵」(『同時代の作家たち』新潮文庫、一九五二年)を読んだことがあった。あった、と過去形でいうのは、この稿を書くのに、あれこれ記憶をたどっているうちに、ふと、思い出したからである。

話というのは、掘り出し物の「古赤絵」をめぐって、志賀と広津とのあいだに生じた心理の微妙ないきさつを語ったものとなっている。広津が骨董屋で目にした赤絵の皿のことを知らされた志賀が、広津には内緒で手に入れ(横取り)、暫くして、広津のところにそれをもってやってくるという筋立てで、実話なのだが、それとなく自己の心理の機微をつたえ合う小説家同士のちょっとぎこちない行き来が面白いのである。

戦後まもなくして住まいを同じくした熱海でのことだが、そろそろ骨董から離れたいという志賀の心境(いたずら心を含めて)と、皿を受け取って溜飲を下げた広津との、二人のあいだに垣間見る厚い友情が、読後に爽やかな印象として刻まれる随筆といっていい。

広津の「志賀直哉論」(一九一九年)が、志賀評価の嚆矢となったといわれているくらいであるから、広津にとって、志賀は特別な存在だったのに違いない。が、「志賀直哉と古赤絵」の前半部分で、広津が志賀の鑑識眼の確かさと厳しさについて言及している箇所は、何ともほのぼのとした光景が交錯して忘れがたい。それはまた、志賀の人間的一面をあたたかく照らしている。

京橋の骨董屋で、広津が探し出した狩野山楽の小幅を、最初に褒《ほ》めてくれたのが、志賀であったという。ずっと後になって、二人はその小幅をもって、美術研究所の田中豊蔵（東洋美術史学の権威）を訪ねるのだが、その道行きで志賀は物忘れの「癖」のある広津を慮《おもんぱか》って、絵の風呂敷包を預かるようすが書かれている。まあ、志賀の几帳面な性格を示していると同時に、二人の肝胆相照らす仲を覗くようなやりとりである。まったく組み合わせと情景は違うけれども、私は西脇順三郎の「二人は歩いた」（『第三の神話』一九五六年）という詩を思い出したりしていた。詩人が親友の渋井清（美術史家）と散歩に出て「ルヌアルの女のような骨董屋」に寄って、いかに司馬江漢の贋物が多いかを談じるという内容である。

こういう光景を「人間のいる風景」とでもいうのだろうが、もっと手っ取り早い始末で事をなす今日では想像しにくい、贅沢な時間がそこにある。したがって、ゆったりとした人間的往来のなかで語られる「美術」（古美術）との遭遇でもあるが、広津にせよ、それを請ける志賀にせよ、とにかく、一種の通人的次元あるいはもっと上の段階に身を置いて「美術」をながめていたような気がする。けれども風流を好むあまりの極端に走ることはない。そうかといって単なる趣味人の域に納まるわけでもない。

＊

志賀は「文学でも美術の方でも『研究』をあまり好まなかった」という（阿川弘之『志賀直哉』岩波書店、一九九四年）。だから美術鑑賞でも志賀は「博物館や展覧会の会場へ入って作品を前にすると、説明は一切読まず、いきなりその物に見入ってしまう」流儀だったという。

居合わせたことはないけれども私には頷けるような気がする。おそらく、志賀のような人には、それ以外の美術鑑賞は似合わないだろうし、また見方を変えれば美術鑑賞などという生温い言葉で済ます態のことではなかったのかもしれない。その根元に隠れてあるところの、一種、「業」のようなものが、そうさせていたのに違いないが、小賢《こざか》しさを嫌っていたことだけは請合える。

物＝美術品が語る意味に通じ合いたいとする気持ちが昂じて、その先で物自体を所有したいという欲望から人は蒐集に走ることになるわけだが、志賀と「美術」との関係は、いってみれば、単なる鑑賞の領域から踏み出して、自身の内なる動機をくりかえし尋ね、それが志賀の作品のなかに持ち越すという場合がある。『暗夜行路』（新潮文庫、遠藤祐「注解」参照）のなかに名の挙がった画家をざっと以下に記すと、文晁・広重・初代豊国・国政・歌麿・湖龍斎・春潮・祥瑞・北斎・狩野探幽・写楽・如拙・呂紀・応挙・大雅堂・呉春・蘆雪・沈南蘋などであり、さらに《鳥毛立女屛風》のような作品や寺社などを加えると相当の数にのぼる。

人物の暗示的表現に代用したり、情景の道具立てとなっている場合などさまざまであるが、嫌いな画家や作品をわざわざ取り上げることはないから、その意味では志賀の好みを反映しているといってもいい。

しかし、これはあくまでも文学を主とすれば、志賀にとっての「美術」は従の存在に過ぎない。飛躍した例をもち出すが、こんな言い方もまた妙に説得力をもつ。

「美は理屈ではわり切れない。しかも文学の美の一形式である。文体とは美しいかたちを自分のものにすることだ。人によって、それぞれやり方は違うだろうが、小林さんはそれを古美術の中に求めた」(白洲正子『名人は危うきに遊ぶ』新潮社、一九九五年)と。

「小林さん」とは小林秀雄のことだが、彼が志賀に敬愛の情を寄せた文学者の一人だったということを考え合わせると、青山二郎のような指南役がいたとはいえ、小林の骨董に開眼する(一九四四年頃から四六、七年へかけて)、その内的動機の震源に志賀の存在があったといっても間違いではない。

志賀のなかに養われた「美術」の世界が、さらに大きな展望(特に東洋美術や仏教美術)をもつようになるきっかけは、関西に住まい(一九二三年から一九三八年まで)を移してからのことである。

*

岸田劉生の場合はいささか趣を異にして、自身が「海鯛(買いたい)先生」と称したように、それは京都時代で、「病」に例えれば、すでに相当の「重症」となっている。彼のような例は珍しいとしても、古美術の蒐集というのは、欲と自足のエゴイズムのなかで身動きできない状態に至ってはじめて知る快感かもしれない。想像するに、それは陶酔という名の「虫」と察するのだが、志賀のなかにもこの「虫」は生きていて、いろんなことをしでかしている。

例えば『万暦赤絵』(一九三三年)はどうだろう。

話は値の張った買い物の代わりに犬を連れて帰るという筋。途中、満鉄の招聘で里見弴と一緒の満州旅行がはさまったりして逸《そ》れて行くけれども、結局、目指す万暦赤絵（手ごろな）には縁がない。なかなかユーモアに満ちた一篇である。大阪のある美術倶楽部での入札の日に出かけていったところで、志賀は、康煕、乾隆の時代の織物に「私は好まぬ上に、その驚くべき技巧というものにもはなはだ懐疑的である」と書き、周時代の銅器に惹かれ、圧倒されて、こう書く。「人間の生活を想像し、不思議な力を感じ、同時に恐ろしく感じた」と。さらに言い換えて「いきものだったら大変だ。これは鯱《しゃち》だ、そんな事を思った」と書いている。

ゴテゴテした野卑なものを好まない志賀の、どこか育ちのよさそうなものがちらつく。「骨董など、あまり買わぬがいいぞ」と亡くなる数日前にいったという父の言葉を思い出しているが、骨董は自分のなかで上手に飼いならすことのできない欲望の一つになっていたのを見透かされた一言だったのに違いない。「所有欲を全く離れると観賞は少し蕪雑になるかわり、長閑な気持ちで見られる」と、やや後退し始めた「病」の症状をほのめかしている。

いずれにせよ、その文学の味わいの、芳醇さにともなう視覚的印象の明確さを強調できるほど、私は志賀文学のよい読者ではない。だから作品の細部に、志賀における「美術」ないし視覚的体験を重ねられない。が、しかし、旅先のそれとない事象でも、志賀が触れると匂い立ってくるいくつもの短編があって、しばしば紐解くことになるのだが……。

なかでも感動の余韻が、ふとした調子でよみがえってくる「豊年虫」（一九二八年）などは、私には忘れられない作品となっている。とりわけ「更科神社の境内」の描写がいい。そこは「松杉の大きな森におおわれた広い境内に縁のむやみと高い本殿と、七、八間へだたって本殿よりも大きな拝殿を持った社」である。志賀は以下のように描写する。

「曇った静かな夕方だった。本殿の左側のお札を売る所には顎ひげだけある神官らしい老人と、もう一人の老人とが、向かい合って煙管で煙草をのんでいた。私がそっちを見ながら行くと、老人たちも黙ってこっちを見ていた。森は北から南へまっすぐに一筋の道があるだけで、道以外は木におおわれた薄暗い中にイタイタ草が三尺ほどの高さでいっぱい茂っていた。霧というほどではないが、木の高いところは水蒸気に包まれ、ぼんやりしていた。すべてが灰色で、あたかも夢の中の景色だ。向かい合って黙って煙草をのんでいる二老人もいかにも夢の中の人物らしかった」と。

「創作と随筆との境界がはなはだあいまいだ」(「あとがき」『万暦赤絵』岩波文庫、一九三八年)と、志賀は述べているが、どちらにせよ映画の一シーンか、あるいは一幅の水墨画でもみせられているような感じである。

＊

とにかく、志賀直哉と「美術」ということになれば、志賀個人が東洋の古美術から選んで編んだ『座右宝』を取り上げなくてはならないだろう。

これは一九二六(大正十五)年六月の刊行であるが、奥付をみると編者・発行者として志賀直哉(奈良市幸町)の名があり、編輯責任者には橋本基、写真撮影・印刷者として大塚巧芸社の大塚稔、発行所としては座右宝刊行会の名が記されている。が、定価は二百円と非常に高価なものである。絵画四九点、絵巻物一六点、彫刻五八点、庭園・建築一九点を収め、当時、可能な限りの撮影（寺社の許可）と印刷技術を駆使したもので、一般に頒布されたのは一五〇部となっている。

「『座右宝』序」によると

「東洋の古美術に心を惹かれ始めたのは、総ての事が自分に苦しく、煩わしく、気は焦りながら心衰え、何かに安息の場所を求めている時だった。自然の要求として私は動よりも静を希い、以前は余り顧る事のなかった東洋風の事物に心が向いて来た」

と書かれている。志賀が東洋美術に興味を向けるのは、尾道住いの前後（一九一二、三年）からであるが、関西に住むようになって古美術との付き合いが始まった。「好きなものだけの写真帖が作れたら気持のいい事だと考え」て刊行に至ったのだと述べている。

以前、NHKの「日曜美術館」で志賀直哉の審美眼を取り上げた番組（再放送）があった。もちろん、この『座右宝』に選ばれている作品の紹介が主だったわけだが、そのことよりも私は、「岸田の首狩り」とまでいわれた、あの劉生に、どうして志賀の肖像がないのか不思議に思って眺めていた。後日、そういうこともあって、私は小さなエッセイを書くことになったのだが（「岸田劉生と志賀直哉のこと」『日本古書通信』一九九八年八、九月号）、実際、番組のなかの志賀と劉生とが入れ替わっていたら……というような埒《らち》もない想像をめぐらしていたのである。

いずれ機会をみて『座右宝』そのものをみておきたいと思いながら、私の怠慢でもっぱら阿川弘之著『志賀直哉』を頼りに事をはこんでしまったような次第であった。「日記」刊行に至るまでの経緯についても、私はハラハラして読み、そして二人の日記を照応させたりして、私なりに調べたりもしたが、結局、「首狩り」の件は決着をみなかった。しかし、志賀と劉生とが「美術」をめぐって、時と場を共有している事実を確認できただけでも大変に興味深いものがあったと思っている。

未見の『座右宝』を過日みる機会があった。

志賀の「序」に選んだ作品のあらましが書かれているので、詳しくはそれにゆずるが、宗達《扇面》（醍醐寺）を入れているのは、手にとってみるという算段があってのことだろうし、寸法の上で実物大の印刷になっている田能村竹田《船窓小戯》、あるいは池大雅《十便図》から「課農便」を選んでいるのも身近にみる親しさを示していて感心した。牧谿、馬遠、八大山人はともかく、倪雲林《山水図》（長尾雨山蔵）はいいと思った。絵画の部では他に多くのよく知られた作品が入っているけれども志賀の水墨画への関心には格別なものがあった印象を受けた。彫刻の部では《鑑真和尚像》はともかく、室町時代の《欄間彫刻》（南禅寺）や明恵上人が愛玩したとつたえられている高さ八寸五分の木彫《狗》（高山寺）をとっているのはさすがと思った。建築・庭園の部の桂離宮や龍安寺の《石庭》が角度を変えて数図入れているのは、臨場感を求める意図だったのかもしれない。

これら数々の作品に、志賀は「主観的な観方」であるが、「作者の心持に同化して行く喜び」をもちたかったのだと述べている。感受の振り幅は広いと思わないけれども、鋭い直感が導く志賀直哉の鑑識眼には、やはり、尋常なものでないものを私は感じる。妖しさというより深さであろうが、けっしてよそよそしくないところがいい。

『国文学解釈と観賞』（至文堂、二〇〇二年八月号）

高村光太郎――パリで秘密にしたもの

高村光太郎にとってのパリは、煎じ詰めたいいかたをすれば、ほんとうの彫刻（彫刻の真実）というのは、こういうものだとロダンの作品をみて確信したと同時に、そうした彫刻が生まれる文化的背景に思いを馳せると、自分には所詮かなわないという断念にも似た思いを抱かせたところであったのではないか――とわたしは想像する。

「珈琲店より」と「出さずにしまつた手紙の一束」（注1）は、約三年間の留学体験をへて帰国した翌年の一九一〇（明治四十三）年に書かれたエッセイである。どちらも手紙の形式をかりた断章的な文章だが、そこには通奏低音のように自分は彫刻家だ、しかし――という光太郎の苦渋にみちた声が聞きとれる。

ちょうど百年ほど前のパリでのことである。森鷗外や夏目漱石あるいは岩村透（光太郎の留学を父光雲に勧めた美術史家）など、明治の第一世代が、国費（あるいはそれに準じた）留学生として、一種の使命感を背負って出かけたのとくらべると、第二世代の光太郎や少し前の永井荷風などのそれは、ずいぶんと趣のちがう留学体験となっている。いささか個人的な興味と感心にひきずられて行動するところがあった。その意味では遊学的な性格のものだといっていい。しかも芸術家たちの多くは、世紀末のデカダンスの雰囲気に浸っていたし、とりわけパリは、ボヘミアンたちの暮らしの主役であった画学生にとっては憧れの地となっていたのである。

私はパリで大人になつた。
はじめて異性に触れたのもパリ。
はじめて魂の解放を得たのもパリ。
パリは珍しくもないやうな顔をして
人類のどんな種族をもうけ入れる。
思考のどんな系譜をも拒まない。
美のどんな異質をも枯らさない。

これは六部二十篇の連詩「暗愚小伝」(『展望』一九四七年七月号)のなかの「パリ」の冒頭部分である。ちょっと大げさで深刻である。いささか感傷的でもある。わたしはこういう詩は苦手なのだが、あえて例示したのは、妙な詩的手練を加えないで、光太郎が自身のこころのなかに原石のように輝いていたであろうパリをじつに率直に表現していると思えたからである。

いうまでもなく光太郎は、戦時の行動(詩業もふくめて)を自省する意図から、敗戦後「山林孤棲」の岩手の山小屋で七年間暮らしている。その孤独な暮らしのなかでも光太郎はパリを手放さずにいる。詩の境地が遠くパリにまでのびていた証拠であろう。歿後、山小屋の囲炉裏から粘土の《野兎の首》がみつかっているが、これもまた光太郎の彫刻への断ちがたい思いを語ってあまりあるものがある。

たしか詩人の伊藤信吉氏だったと思う。光太郎を人格的存在としてみたばあいには「耐える人」だと称していた（注2）。

光太郎の生涯は起伏にとんでいる。艱難汝《かんなんなんじ》を玉にす、というが、ある意味で光太郎には「耐える人」のイメージがピッタリとくるところがある。しかし、その生涯の起伏にとんだ山並みをたどってみると、意外なことに、二十代半ばのパリで、すでに光太郎は自分のなかに芽吹いたものをひそかに放棄してきていたのではないか、というのが、わたしの想像である。

「珈琲店より」は、三人連れのパリの女と夜のパリをぶらつき、そのうちの一人と（事実かどうかは知らないが）一夜をともにする話である。翌朝、洗面台の鏡に「見慣れぬ黒い男が寝衣《ねまき》」すがたで立っているのをみて、自分だと気づき、「日本人だ、モンゴルだ、黄色人だ」と頭のなかでバネの外れたような声がしたという。夢心地からも醒めてしまい、早々に女から逃れて画室にもどり、「しみじみと苦しい思ひを味はつた」と終わる。しかし「僕の官能はすべて物を彫刻的に感じて来る」という。

「出さずにしまつた手紙の一束」にも、毎日、パリの歓楽の声のなかで「骨を刺す悲しみに苦しんだ」と書いているが、ロダンの彫刻をみるときばかりは「僕の心にも花が咲く」とあるように、そこにはほんとうの彫刻（彫刻の真実）をみてしまった光太郎がいるのである。

だからこそ、わたしは帰国してからの光太郎に彫刻家として活躍しなかった歯痒《はがゆ》さをおぼえるのである。人に知られぬ断念の思いがあったのではないか。荻原守衛の早世や彫刻についての認識のちがいから生じた父との確執、あるいは旧弊に閉じた彫刻界へ手厳しい批判の矢を放ったことなど、さまざまな要因が重なっていたことは知っている。しかしすべてそれらは外圧的な理由だ。

「出さずにしまつた手紙の一束」のなかに、「秘密の価値」という妙なことばが差し挟まれているのである。

「参謀官のいふ秘密ではない。敵に対する秘密ではない。対称者の無い秘密である。考へてみると秘密の無いものに価値はない。又価値あるものに秘密の無いものはない。僕は自分で自分を秘密にするのだ。説明を求め給ふな。強ひて求めたら、僕は指でも一本立てようよ」と。

帰国の決意をあらたにした光太郎が、さて秘密にしたものとはいったい何であったのだろうか。

『ふらんす』（白水社、二〇一一年十一月号）

注1　「珈琲店より」と「出さずにしまつた手紙の一束」は『高村光太郎全集』（筑摩書房）第九巻に収録。

注2　伊藤信吉『亡命・高村光太郎』（日本古書通信社《こつう豆本》、一九九八年）に「その強気弱気の原点は、一方で認識者であり、一方で激情家であり、さらにもう一方で耐える人だった、というところにあったのではないか」と書かれている。

高村光太郎の留学体験

高村光太郎の留学体験ということになると、まず思い起こす詩がある。

おう又吹きつのるあめかぜ。
外套の襟を立てて横しぶきのこの雨にぬれながら、
あなたを見上げてゐるのはわたくしです。
毎日一度はきつとここへ来るわたくしです。
あの日本人です。

と、はじまる長詩「雨にうたるるカテドラル」（一九二一年）である。ノートルダムのカテドラルの石肌に手を当て頬を寄せながら光太郎は西洋を実感しようとするのだが、しかし、その西洋の本質を知れば知るほど、それは自分から遠く離れたところにあって容易には手のとどかないものと映ってしまう。このディレンマのなかで切ないほどの感情を込めた謳い方をする詩人が、一方でロダンの彫刻をみるときばかりはちがっていた。「僕の心にも花が咲く」というのである。

これは帰国早々に発表した「出さずにしまつた手紙の一束」（一九一〇年）の一節なのだが、さらに続けて「人が居なければ彼のNYMPHEの大理石を抱いて寝るがなあ。RODINの女は実際僕の助骨で出来たような気がする。RODINが作つたとは更に思へない。RODINは鍬を持つて土を掘つて居る人だ。何処に何が埋つてゐるかを知つてゐる人だ。彼は其を掘り出して人の前に持つて来る人だ。」と書いている。

ロダンへの共感は一種の信仰にまでたかまっている。それゆえにまたロダンは光太郎の守護神ともなっている。西洋と日本との文化の異質性と社会の仕組み（制度）の違いなどに、ことごとく突き当たってしまった光太郎が、いわば最後のよりどころとしてロダンに包摂されたのだといえるかもしれない。

光太郎は一九〇六（明治三十九）年二月に横浜を出発して、ニューヨークに向かい、そこから一九〇七年六月ロンドンに渡っている。さらに一九〇八年六月にはロンドンからパリに移り、その後、ヨーロッパ各地を旅行して帰国する。一九〇九（明治四十二）年六月のことであった。約三年半弱の留学期間ということになる。帰国すると美術家の多くは滞欧作品を発表して留学中の成果を問うのが普通である。

しかし光太郎の場合は、ほかの美術家（たとえば四十数点の滞欧作を二科展に特別出品して大反響となった安井曾太郎のような例がある）と比較すると、いかにも肩透かしをくったような印象である。彫刻制作の仕事上の困難ということはあるけれども、光太郎の留学中の作品といえば、今日、遺されているのはニューヨーク滞在中の制作になる高さ十一センチのブロンズ像《ラスキン胸像》ただ一点だけなのである。これもいたしかたのない事実として受けとめざるを得ないが、見方を変えると光太郎の内省的資質によってあらかじめ定められていたとも考えられる。したがって、光太郎の留学体験は煎じ詰めた言い方をすれば、徹底した自己確認であったといえるのではないかと思う。

留学前の光太郎は『ステュディオ』誌の図版でロダンを知り、モークレールの『オーギュスト・ロダン』(英訳)を暗記するほど熟読したというように、向学心に燃えていた。職人気質の父光雲との確執は、岩村透の勧めにしたがって光太郎を海外留学におくりだすことで決着をみるが、二人の心算にはいささか意を異にするものがあった。帰国したばかりの光太郎に父が「銅像会社」を興す話をしたので、「頭をなぐられたやうな気がして」云々と「父との関係」(一九五四年)のなかで書いているが、この落差は光太郎にとって彫刻についての認識だけでなく社会的地位の低さと同義と映り、日本の美術界全体へ批判の矢を放つことに繋がってゆくのである。

晩年「自分にとって何よりも確かなことは、私が内面から彫刻家的素質に貫かれているということである。世界を見る目が彫刻家的になってしまっているということである」(「自伝」)と告白している。ロダン精神の規範がここにも生きているように思うが、こうした思考(生き方)は、光太郎の一生を貫いているが、そのもっとも純化したかたちを留学体験のなかにみることができる。

「高村光太郎展」図録(山梨県立文学館、二〇〇一年四月)

鏑木清方《三遊亭円朝像》をめぐる話

人間のかかわりというのは、まったく思いもよらない人と人が結びつく。近代日本の風俗画に、一境地をひらいた日本画家の鏑木清方（一八七八―一九七二）と、戦後日本の洋画界に独特の位置をもつ麻生三郎（一九一三―二〇〇〇）とが、その生まれ育ちの地縁によって結びついているのを教えてくれたのは、麻生三郎の次女マユさんであった。ずいぶん前のことであるが、こんな話であった。

「鏑木清方の回想『こしかたの記』に、小学校の仲良しの「麻生の勝ちゃん」と出てくるのが、三郎の父で、また三遊亭円朝の『塩原多助一代記』に、主人公多助を一人前の商人に育てる炭薪問屋の山口屋善右衛門とあるのは、じつは三郎の先祖で、そのころ山口屋は神田佐久間町にありましたが、後に本湊町に移り、主人は代々惣兵衛を名乗っていました――」と。

おどろいたことは、いうまでもない。それからしばらくして、「神田の山口屋は、のちに三家に別れ、そのひとつが父の生家となりました――」という書状といっしょに、〈「文学」増刊〉『円朝の世界』（岩波書店、二〇〇〇年）を頂戴した。

わたしは円朝の生涯における多彩な人との出会い、なかでも山岡鉄舟の仲介で知った政財界の大立者とのかかわりに興味を覚えたが、しかし、まだまだ円朝は、わたしのなかでは遠い彼方の存在であった。だから麻生三郎と鏑木清方の世界にしても繋がったものとしてはみえてこなかったのである。

それがグーッと引き寄せられた感じに思えるようになったのは、『麻生三郎全油彩』（中央公論美術出版、二〇〇七年）の刊行がきっかけであった。この画家と『近代文学』の野間宏や椎名麟三らの同人たちとの親交は、挿絵や装幀などの仕事に反映されているが、学生時代の丸谷才一や中山公男が、「よくアトリエにやってきていましたよ——」という美智子夫人の回想を聞いて、わたしは麻生三郎の内省的世界が、彼の画風に浸透している意味について、少しばかり接近できるかなと思いながら、空襲でアトリエを焼いた麻生三郎が、戦後に描いた作品についてのエッセイを寄せるところとなった。マユさんは「麻生三郎ノート」に、幼少時の三郎がよく祖父につれられてお参りした菩提寺（震災前までは浅草にあった万年山東陽寺）の墓地には、塩原多助の墓もあり、これは『三遊亭円朝』（青蛙房、一九六二年）の著者で知られる永井啓夫の長年の調査でも裏づけられていることである、と書いている。

こうしたいきさつから、ある日、わたしは麻生三郎に興味と関心をもつ面々と連れ立って、画家の生まれ育った築地界隈を散策したい旨をマユさんにつたえ、先代から画家の作品をあつかっている南天子画廊（京橋）主青木康彦氏の肝いりで、昨年（二〇一三年）の夏に実現した。

軽く暑気払いのつもりが、思い出しただけでも汗がにじんでくる炎天下の一日となったが、この日の散策で目にした光景は、いちいち焼きついている。幼少時の三郎が遊び場にした鉄砲洲稲荷神社の境内、あるいは「断腸亭」とわが身の持病（胃腸病）を名づけた、あの永井荷風が、そこでのお参りを日課にしたという佃の住吉神社のことなどであるが、まあ、こんな話をしはじめたら切りがない、というか、本題から逸れてしまうので、ここでは麻生三郎の「佃島渡船」（一九五四年／『絵そして人、時』中央公論美術出版、一九九四年所収）の一節を引くにとどめたい。

「銀座あたりにでかけて用事がすむとつい築地から大川端にでて明石町、湊町とこの地帯を歩きたくなる。震災や戦災で古い東京はなくなってしまったが、この辺の土地にはどことなく明治の面影があって古い都会の骨格がある。それに子供のころには湊町に住んでいたし、居留地あたりは遊び場になっていたのでなつかしい。」

こうして引き写していると、自然に、鏑木清方の江戸や明治への郷愁を誘う文章につながっていく。といっても、ちょっとボンヤリとした麻生の景色が、清方のレンズをとおしてみると、クッキリとみえてくるといった按配なのである。その比較のために、清方の「築地界隈」（一九三三年／『随筆集 明治の東京』岩波文庫、一九八九年所収）の一節を引いてみよう。

「鉄砲洲の湊稲荷、今もその社は繁昌であるが、前の社司甫喜山氏は私の祖母の生家、江戸累代の家筋であった。学校が近くなので私は毎日ここに寄って、御蠟、と呼ぶ人があると小さい蠟燭をあげる御宮番の手伝いをしたりして遊んでいた。祖母がまだ生家にいた時分一立斎広重が御宮を信心で、御祭礼に燈籠をかいたという話を聞いたことがある。（中略）京橋の南紺屋町にいた家の隣家に、二代目広重が住んでいて、赤ん坊の私は、その夫婦に可愛がられたのだと聞いている。」

麻生のほうは、震災や戦災による変貌を記憶の風景にかさねているが、清方のほうは、ずっと先の昔の景色が視野にはいっていて、それもじつに具体的で鮮明である。二人の年齢差は三十五である。そのことが場を同じくしていても異なった記憶の風景を描かせる要因となっているのであろうが、この場合、それぞれの作文年代自体に開きがあることが、こうした差異となっているのかもしれない。

いずれにせよ、ほんの一端だが麻生三郎から鏑木清方に、そして三遊亭円朝へとつながる人間のかかわりを素描した。

この辺で（紙幅の都合もあるので）、清方が一九三〇年に描いた《三遊亭円朝像》（東京国立近代美術館蔵、重要文化財）について書くことにしたい。

清方の父は、山々亭有人の筆名で知られた条野採菊で、日本の新聞経営の先駆者のひとりである。やがて「やまと新聞」を起こして（一八八六年）、そこに円朝の創作人情噺を速記術によって毎日連載し、あわせて月岡（大蘇）芳年が挿絵を担当、そして採菊みずから小説、劇評、雑報の筆を執っている。

円朝といい、また芳年といい採菊の古い馴染であった。清方の『こしかたの記』によると、新聞に載る円朝の人情噺は、たいてい市内の静かな座敷で速記され、小憩の間をおいて、タップリ二席を弁じ、挿絵の芳年をはじめ社内のおもだった人たちにまじって、清方もその席に列するのを楽しみにし、ときには木挽町の清方の家で催されることがあったという。《三遊亭円朝像》は「その席の、遠い、併し鮮やかに残る印象を追った」作品で、画中の品は清方の家にあったものだという。また円朝の「妙技」に酔う聴き手のなかには「容貌魁偉」と形容されそうな芳年翁の姿もあり、《大蘇芳年》（一九五〇年）は、その記憶によって描いた、と書いている。

とにかく、清方が円朝を慕ったところを縷々ものがたるのが、「円朝と野州に旅をした話」（『こしかたの記』）である。新作取材の旅に連れ出された清方に、「お前さんは写生なり、何でも目に止まったものを私に構わずかいていればいい」といって、自分は宿屋の主人たちから話を聞きだして、それを就寝前にランプの下の卓にむかって書きとどめるのを旅の日課としていたという。旅宿のようすをスケッチして、細かくメモを入れた清方の「旅日記」(一八九五年)を小さな図版(〈別冊太陽〉『鏑木清方』平凡社、二〇〇八年四月)でみたことがある。ランプに照らされたそこでのようすを、清方は「円朝と野州に旅をした話」に、こう書いている。

「円朝の眼は炯々《けいけい》として人を射るような、意地わるい光りは放たなかったが、対すれば何かキラリと光るものを感じた。近頃の婦人のカールした髪のように、こまかい渦を巻いた髪の毛は五十路を越しても白いものを交じえていない。不思議な縁で、この名人と数日寝食を侶《とも》にする折を得て、朝夕の身嗜みを知ることが出来た。宿屋の姿見の前に立って、癖のある髪に櫛を入れる様子は後々まで眼に残っている。」

清方が《三遊亭円朝像》を描くのは、円朝との旅の三十数年後のことである。第十一回帝展に出品され、そのとき同じ展示室の対面に土田麦僊の《明粧》が掛かっていた(二人の意向で)。この組み合わせは夜と昼の対照あるいは名人と舞妓といったような対比の効果を生んでいた。おそらく木村荘八は、このときの展示が記憶にあって、「鏑木さん雑感」(『東京の風俗』)のなかで、この《三遊亭円朝像》を「日本の美術作品として不滅だ」と絶賛し、円朝の両手にもった湯呑にも「こっくりとした重さと同時に手の皮膚が感じる湯呑の温度」などと書いたのだろうと思う。スーッと爽やかな空気と匂いを感じさせる一幅となっている。

清方は円朝との旅の思い出がなかったら、この作品は生まれなかったろうといい、そして円朝との旅の文章をこう結んでいる。

「われわれの仕事というものは、とんでもない昔に蒔いた種子が、いつ芽に出るかわからないものである」と。

『円朝全集』第九巻「月報」(岩波書店、二〇一四年六月)

谷崎潤一郎の美的側面

「谷崎潤一郎展」（注1）を見て、わたしは久し振りに快い疲労感をあじわった。文学展の一般はともかく、展示物のいちいちとジックリつきあうこの鑑賞の手触りのようなものが、しばしばわたしの足を止めさせることになったからである。

記憶のなかにある幾冊かの谷崎の本を思い浮かべた。しかし、読んだ本であるといってもずいぶん前のことだ。その断片を想起するのもかなわない。それにくらべると映画化された作品のほうはよくおぼえている。年月を経て、すでにある種の懐かしさに変わっているが、それにしても中村鴈治郎の演じた『鍵』の、あの怪しく食い入るような鋭い目は、いまに忘れがたいものとなっている。これは、谷崎文学の視覚的効果によるものだろうと解していい。それだけ映画向きなのかもしれないが、要するに文学と美的側面との境界がかぎりなくあいまいなのだ。

いずれにせよ、しばしば悪魔的な美――と形容される谷崎文学のもつ妖しさは、初期の短編『刺青』ひとつとりあげてもいえる。これは荷風のおすみつきを貰って、谷崎が文壇デビューするきっかけとなった作品だが、その美的官能の異常なかがやきは、それ自体、荷風が『江戸芸術論』にいうところの頽廃の浮世絵が内包していた性質につながっているものでもあった。それはかたちを変えて晩年の『瘋癲老人日記』にまで脈々と流れている。

谷崎は「甘美にして芳烈なる芸術」(『異端者の悲しみ』)に組するもの——と自称した自らの文学の爛熟を形成し数々の作品を遺した。それらのまばゆいばかりの仕事を順次たどりながら、正直、わたしは展示されている特装本の装幀や挿絵の鮮烈さに目を奪われる思いであった。

*

なかでも『春琴抄』は、その表紙に漆を塗り、表題と見返しの署名花押が金箔という凝りようである。一瞬、わたしは肌寒いものすら感じた(注2)。

いっぽう挿絵のほうでは小倉遊亀や北野恒富、それに鏑木清方などの、谷崎文学に随伴して、日本画のしっとりとした線描の味わいを添えたものが多く、その代表作が『谷崎潤一郎新訳源氏物語』(愛蔵本)の日本画家十四人の挿絵の競演である。『蓼喰ふ虫』の小出楢重のように、新技法と洒落たデザインで谷崎の創作意欲を大いに掻き立てたといわれる挿絵もあるが、何といっても忘れられないのは棟方志功の手になる『鍵』と『瘋癲老人日記』などの挿絵と装幀であろう。

文学との共感性を印象づける挿絵としては、初期にワイルドとビアズリーとのコンビを模した水島爾保布《におう》の挿絵と装幀による『人魚の嘆き・魔術師』のような世紀末の余韻をとどめたもののもないわけではないが、やはり棟方志功のそれは格別な仕事であるといっていい。

見応えがあった、というか読み応えがあった、というのか、どちらにしても妙に谷崎の視線をつよく感じさせる展覧会であった。

わたしは明治末期の文学と美術との「饗宴」をものがたる「パンの会」の油絵（現実には、その場に居合わせなかった木村荘八がのちに憧憬をもって描いた作品）の前でしばらく立ち止った。画中に酔って頬杖をついている谷崎の姿をみとめたからである。谷崎はこの絵を買い取って、自宅に飾っていたそうであるが、荷風にはじめて声をかけた一九一〇（明治四十三）年の「パンの会」であってみれば、それも頷ける。

展覧会の印象でいうと、谷崎潤一郎という文学者は「眼の人」だったのではないかと思った。

『神奈川新聞』（一九九八年十月十四日）

注1　神奈川近代文学館（一九九八年十月三日―十一月八日）

注2　わたしが英国のサイモン・マクバニー演出による『春琴』（世田谷パブリックシアター）を見たのは二〇一三年夏のことであった。初演が二〇〇八年春であるから、それは好評を理由に再演されたものであった。話の筋は谷崎の小説『春琴抄』だが、「陰翳礼讃」を演出のアヤにした見事な作品となっていた。しかし、そこには荷風のいう「頽廃」の美はなかった。わたしはマクバニーの「外部の眼」による彫刻的な「闇」の形象化＝人間像を見せられたような気がした。

夢二と同時代の美術

夢二と同時代の美術ということは、すなわち美術の大正時代ということになる。時代区分としては、第一次世界大戦と関東大震災をはさんで、だいたい日露戦争後の明治四十年代から昭和初期の恐慌の頃まで、つまり、一九一〇年代から三〇年代までをさしていて、その間の美術はきわめて多彩で変化にもとんだものであった。ちょうど明治期と大正期の移行を暗示した（文芸界の風潮として）、反自然主義の傾向を示す耽美的趣味や異国趣味あるいは文明開化を回顧的に展望するというような動きがあったけれども、これは文化史における第二の維新といってもよく、そこには明治期の儒教的、倫理的な窮屈さからの解放の意図が秘められていた。美術界もそうした文芸界の風潮に助長されて、後期印象派風の新傾向を示して、官設展の支配的な画風（黒田清輝を首領とする折衷的外光派）には、批判的な姿勢をとる若い画家たちの誕生を促し、この革新的気運は燎原の火のごとくにひろがった。彼らは個人主義や自由主義の思想に心酔した。そして個我の自覚にもとづいて、それぞれが創造のよろこびと自由への憧憬を明らかなものとした。これが美術の大正時代の特徴となった。

第一次世界大戦が終了し、平和を回復したヨーロッパとの接触が再開されるにおよんで、多くの若い日本の芸術家たちが渡欧、渡米した。時代の思想に影響された彼らの多くは、帰国後、その革新的な芸術思想とむすびついた活動をくりひろげる。いわゆる前衛芸術運動の紹介であり、その運動を積極的に推進するグループも誕生した。

日本の近代美術の「モダーン」は、ある意味で、この時期に始まったといってもいい。ようやく日本の美術界は、欧米と同時代的な活動をくりひろげることになるのであるが、しかし、それは昭和戦前期の文化ファシズムの弾圧に象徴されるように、おそろしく不徹底なかたちで終息をむかえてしまう。

大まかな言い方をすれば、以上のようなことになる。

美術の大正時代が、近年、あらためて注目されているのは、一九一〇年代、二〇年代の美術が、国際的な視野でながめてみても共時的な現象をくりひろげていた事実がいくつも確認されているからである（注1）。都市の近代化は人口を急激に都市に集中させ、それによる暮らしの変化がさまざまなかたちで現れた。マス・メディアの発展による大衆文化の出現もそのひとつ。製版や印刷術（版画や写真なども含めて）の技術的進歩にともなう複製芸術による表現領域の拡大、それを享受する側の、いわゆる美術愛好家の激増などがあいまって、西欧絵画を紹介する展覧会なども盛んに催されるようになる。また大部数の各種の文芸雑誌の刊行ばかりではなく、美術全集（『世界美術全集』平凡社、一九二七年）の刊行にまでおよんでいるのは、大正時代を通じてひろい層への美術趣味の浸透をものがたるものでもあった（注2）。それによっても美術愛好家や芸術家志望の若い才能は大きな刺激を受けるところとなった。

＊

美術の大正時代といったときに、例えば『白樺』のような雑誌がはたした役割をみると、じつに大きなものがそこにあったといえる。特に後期印象派のセザンヌやゴッホのような画家と作品、ないしはロダンの彫刻などを知ることで（複製図版を通してだが）、どれだけ多くの若い才能が刺激されたかを考えてみれば納得がいくはずである。その理解が人生観的なところに重きを置いた見方となっているのは、人生と芸術との結びつきのなかに共感を覚えるものがあったからである。そのことがまた、この時代の美術文化を享受する主要な性格ともなっていた。画家山脇信徳の個展に対する批評をめぐって、「パンの会」の中心的な存在であった木下杢太郎と、山脇＋武者小路実篤との間に交わされた「絵画の約束」論争（一九一一年）などは、そうした『白樺』の人道主義的な体質を示した事例として知られている。

文壇ジャーナリズムと呼応するかたちで、美術の新傾向が諸雑誌でもとりあげられ、高村光太郎の「緑色の太陽」が『スバル』に発表されたのは、『白樺』が創刊された一九一〇（明治四十三）年のことである。時代の革新的気運のなかで美術評壇に旧弊打破の一石を投じた光太郎なのであるが、じつは「絵画の約束」論争へと展開する山脇の個展を開催した画廊「琅玕洞」の主宰者だった。日本で最初に洋画をあつかった画廊であり、二年後の岸田劉生の個展が最後となった。劉生は「自分の歩く道を見つけた一九一二年」と回想しているが、この年に後期印象派ないしフォーヴィスムの傾向をつよく打ち出した「フュウザン会」が旗揚げし、それが終わると画風の造形思考の十分な解釈を棚上げして、つぎつぎと新しいイズムの紹介に忙しくなっていく。キュビスムや未来派の紹介もそういった意味ではずいぶんと早いのである。

他方、画壇の主流としての「文展」から分離独立を明らかにした「二科会」が、前衛芸術を展開させる美術の大正時代を映し出す舞台となった。日本の油絵を西欧からの「切り花」にたとえて批判し、いかにしたら「根のある花」を咲かせ得るかに苦闘した小出楢重、自我に目覚めた青年が、自信と不安のなかで文字通り青春を燃焼させて夭折した関根正二や村山槐多などが画壇をにぎわしたというのも、美術の大正時代ならではのことといえる。

近代化の波が農村にまでおよんで、全国津々浦々の画家志望の青年が呪文に罹ったように、ゴッホ、セザンヌあるいはゴーガンへと憧憬を抱くようになる。『白樺』による後期印象派の紹介が多大の影響をもたらしたからであるが、同時に結社的な性格をもった「草土社」風の画風がかくもひろく伝播した理由を考えてみる必要がある。正規の美術学校に通わなくとも自主的選択によって、画家への道も切り開けるのだという夢を地方の青年にあたえるところとなったからである。

夢二もそうした青年の一人であった。

画壇の外にいたために異端視されたけれども、美術の大正時代の特徴を示す「画文交響」をもっとも顕著なかたちで生きた画家であったといっていい。また世紀末アール・ヌーヴォーの影を落とした憂いをもつ女性像を描いた画家としても記憶されることになったが、夢二はそもそも文芸雑誌を飾った「コマ絵」の洋画趣味に誘われ、その「コマ絵」の画家としてスタートしたのであった。このことが、ある意味で夢二の社会的視野をやしない、生活美術（商業美術）の思想をもつにいたる理由となったと解していい。恩地孝四郎らと計画した「どんたく図案社」や月刊誌刊行の企画は震災で潰えるが、近代デザインの発端となったウィリアム・モリスの「美術工芸」運動にもつながる夢二の「ものつくり」への一貫した信条は、やはり、美術の大正時代が用意した「モダーン」の領域を、夢二が行き来することによって、経験し、獲得した思想だったといえる。時代の生活感情の派手な明るさではなく、どこか暗鬱とした気分が夢二の作品にみられる。それが夢二のこころに映した社会のかたちだったのだと思う。

震災で崩れた自己の夢の破片を拾いあつめるかのように、夢二は「東京災難画信」と銘打ったスケッチを『都新聞』に載せている。その後、一九二七（昭和二）年には、自画自伝の「出帆」を同じ『都新聞』に連載。内面生活の告白をつづり、数年後のアメリカ行きを暗示して終わってるが、はじめの章にはロシア革命後の亡命詩人エロシェンコが登場する。夢二の消し難い若き日の憶いが、そこに二重映しになっている。

日本滞在を許されなかったこの平和主義者の盲目の詩人との別れを惜しんでいるようすなのであるが、これは一九三一（昭和六）年にアメリカからヨーロッパへ貧乏旅行することになる夢二と、どこかでつながっているのである。いずれにせよ、美術の大正時代のなかで、これほど多くの人のこころを揺さ振った画家も珍しいのではないだろうかと思う。

「生誕一二〇年詩人画家・竹久夢二展」図録（世田谷文学館、二〇〇四年十月九日―十一月二十八日）

注1「モボ・モガ 1910―1935年展」図録（神奈川県立近代美術館、一九九八年五月―六月）、シドニー、ニューサウスウェールズ州立美術館に巡回。

注2 匠秀夫『大正の個性派』（有斐閣、一九八三年）・『匠秀夫著作集』第一巻（沖積社、二〇〇一年）

川端康成と古賀春江

仕事柄、画家の回顧展や遺作展というと、わたしは、なぜか画家の晩年の作品が気になる。とくに「これが絶作です」などと示されたりすると、途端に、感情がたかぶってくる。どうして、そうなのか説明できないけれども、なにか厳粛な空気がそこには漂うからである。画家の最期が、どんなであったかを思うということは、即ち、それが想像上のこととはいえ、画家の生の一切が、そこに凝縮しているという考えに結びつくからであろう。

しかし、そうはいっても、いわゆる「芸術家魂」が絶作にこそありありと認められるというのではない。たしかに充たされない想いや無念さを画家の絶作にもとめたい、というのは人情である。けれども単に未完のまま放擲したような作品であったり、また画家の生涯があまりにも劇的であったために、その絶作が平凡過ぎると思わせられることもないわけではない。多くは創造のエネルギーを失い、生命の自然に殉じる、という制作の過程を辿るのが普通かもしれない。日本近代洋画の特色の一つといってもいい「夭折の画家」の場合のように、宿痾との壮絶な闘いのはてに、絵筆を措いたという絶作もあって、それぞれ画家の終焉はさまざまである。しかし、いずれにしても絶作というものは、なにか劇的な話を誘引したくなるような、そうした雰囲気をもっていることは事実である。

ここにとりあげるのは、川端康成が「末期の眼」（『文芸』一九三三年十二月号）のなかで、友人梶井基次郎の死とともに、その早すぎる死を惜しんだ古賀春江の絶作《サーカスの景》についてである。

川端と古賀との出会いは一九三一（昭和六）年のことであった。知り合うきっかけは（以前から互いに惹かれ合うところがあった）、ある展覧会場で、川端が自己紹介したことによったということである（川端秀子『川端康成とともに』新潮社、一九八三年）。当時、川端が上野桜木町に住み、古賀も近くの駒込動坂に住んでいた関係で、二人の往来は頻繁となったようであるが、一九三三（昭和八）年九月十日に、古賀は三十八歳で急逝しているので、交友は僅か二年ほどのことであった。それだけ川端の古賀にたいする愛惜の情は深かったといっていいと思う。

「末期の眼」は伊香保温泉にきていた竹久夢二を、川端が、目撃したところから話ははじまっている。けれども、芥川龍之介の死に思いを馳せ、その話の続きとして出てくる古賀春江であるが、古賀の死を契機に書かれたことは事実で、死の直後（明後日は四七日《よなぬか》と書いている）の強い印象が、親しかっただけに却って対象化しにくかったような一面もないわけではない。その証拠に川端は古賀について「末期の眼」に終わることなく、ずっと後になっても、例えば「古賀春江と私」（『芸術新潮』一九五四年三月）、あるいは『美しい日本の私』（ノーベル賞受賞記念講演、一九六六年）のなかでも、けっして忘れることなく、「末期の眼」を引いて、芥川や太宰治の自殺について語るとともに、名は伏せてはあるが、明らかに古賀春江とわかる一人の「前衛画家」の死をとりあげているのである。いまや〝幻の詩画集〟と呼ばれている『古賀春江』（春鳥会、一九三四年）にも、川端は「死の前後」という短文を寄せている。

川端の古賀にたいする共感は、古賀の芸術的資質に「詩人」をみたからである。古賀の資質をもっともよく示す例として、川端は《煙火》（一九二七年）や《素朴な月》（一九二九年）をあげるが、いずれもパウル・クレー風の時代の作品であり、特に《煙火》は生前の古賀が川端に贈った作品としても知られているものである。古賀の多くの作品には画家自身の「解題詩」があり、この《煙火》にも「詩」をつけている。

「境界もない真つ黒い夜の空間に／パツと咲く花火／昔の如く静かに／物語の王者の如く高貴に華々しく／煙火は万物を蘇らせる」と。この後に「流れる光　音のない静かな嵐」というように数行の詩句がくる。

このように川端が「文学からも常に新しい糧をもとめた」という古賀と、他方でまた、古賀の絵から暗々裡に感覚の刺激をもらいうけた川端の、この両者の関係について、高見順は『昭和文学盛衰史』（文藝春秋新社、一九五八年）のなかで、こんな風に書いている。

「前衛画家古賀春江と川端康成との親交ということは、個人的な意味を超えたひとつの象徴的なものとして私に考えられる。それは、新感覚派文学と当時の前衛芸術との密接な親交性、内的な親近性を私に告げるのである」と。

ヨーロッパの前衛芸術が次々に紹介されるなかで、古賀もまた新しい時代精神を盛るに相応しい表現を求めて、二科展の若手と前衛グループ「アクション」を結成したのが、一九二二（大正十一）年であった。以後、古賀はさまざまな変貌をかさねて、パウル・クレーの影響から童画的作風となったり、シュルレアリスムの感化で「超現実主義私感」（『アトリヱ』一九三〇年一月号）を発表したりしている。川端と出会った一九三一年には前衛詩のグループ「リアン」「ポエジー」の研究会にも西脇順三郎・竹中久七・中野嘉一などの詩人にまじって参加している。

こうした古賀について、川端は「古賀氏は西欧近代の文化の精神をも、大いに制作に取り入れようとはしたものの、仏法のをさな歌はいつも心の底を流れてゐたのである」と書いた。言い方をかえれば、これは新しい意匠と土着の感性との共存とみることもできる（阿部良雄『イメージの魅惑』小沢書店、一九九〇年）。冴えた感覚が凍結して「東方」の「虚無」の詩想に、古賀の絵（特に水彩画）が滲み出すあたりから、一層、川端との親近性はつよまるのであるが、川端はそうした古賀を「温かに寂しさのある……」と形容した。これは一種の抒情詩圏といってもいいのだが、川端は「古賀氏にとつては、絵は解脱の道であつたにちがいないが、また堕地獄の道であつたかもしれない。天恵の芸術的才能とは、業のやうなものである」と書いた。

絶作《サーカスの景》は、まさにこの「業のやうな」仕事であったといえる。

古賀が亡くなった年の一九三三（昭和八）年について略記すると、夏に帰郷、久留米では坂本繁二郎を訪ねているが（坂本は不吉な予感を感じたという）、その数日後に上京。ところが、途中で（車中）、発病してしまう。帰京後、気力を振り絞って《サーカスの景》を仕上げるけれども、そこまでがやっとで、最後のサインは、高田力蔵が入れたという。川端らの計らいで入院。しかし、治療の甲斐なく約一か月後に永眠。それは二科展開催中の九月十日のことであった。

川端が「妖麗な不気味さが人をとらへるが、幽玄で華麗な仏法の「深海」をさぐらうとした」と書いた《深海の情景》（大原美術館蔵）、《文化は人間を妨害する》（行方不明）、それに《サーカスの景》の大作三点が出品された。《サーカスの景》はドイツのハーゲンベック・サーカスに取材したものである。当時、発行された絵葉書からヒントを得て画像をつくっている。「万国婦人子供博覧会」の第三会場（芝浦埋め立て地）で興行され、大きな話題をよんだサーカスであった（因みに〈曲馬団〉が〈サーカス〉を名乗るのは、このときから）。

一時、行方の知れなかったこの《サーカスの景》を川端が買取り、神奈川県立近代美術館に寄贈されたのは、一九六四（昭和三十九）年のことであった。「芸術の極意」は〝末期の眼〟にある、と川端はいった。そしてこの絶作《サーカスの景》についても、「なんとなくしいんと静かでぼんやりした気分を描かうとした」という画家のことばを紹介している。

「横光利一と川端康成展」図録（世田谷文学館、二〇〇三年四月／『早世の天才画家』収録）

芥川龍之介の河童の絵

随分前のことなので、うろ覚えですけれども（もしかしたら失礼なことになるかもしれませんが）こんなことがありました。

それはわたしの同僚が軽井沢にいらした野上弥生子さんに電話でお尋ねしたときのことです。折から能面を集めた展覧会（注1）をしてみようということになって、それならば、その方面の研究の第一人者で、ご主人の野上豊一郎先生のお持ちの能面をお借りしようと言うことになったのです。

ところが、ご自宅にはなく、もしかしたら、というのでお名前を頂戴したのが、芥川龍之介だったのです。芥川家からお借りすることになったかどうか、わたしは失念していますが、覚えているのは、その電話で野上さんが「龍ちゃんのところにあるかもしれない」と言われ、私の同僚はびっくりして、「龍ちゃん？」と、野上さんに聞き返したということなのです。

芥川龍之介という名を耳にするたびに、この「龍ちゃん」を思い出し、懐かしさの不思議な持続を感じさせられたりします。確かに野上さんは七、八歳年上で、親しい縁にあったとすれば、そう呼ぶのも何となくうなずける気もするのですが、いかにも理知的でクールな感じの芥川のイメージにそぐわない。けれども、人間芥川の人柄に触れたひとの、実感に発した呼称というふうに思い直せば、案外、芥川というひとは、憎めない、気分の寛《ひろ》いところのあったひとなのかもしれない、そんな想像をしてみたくなるのです。

幼少年期を本所界隈に送った芥川が、隅田川を眺めてヴェネツィアを連想した話があって（注2）、わたしは、なるほど、と思ったり、いくらなんでもヴェネツィアはないよ、と呆れたりしたことがあったけれども、こうした屈託のない、伸び伸びとした想像の仕方は、芥川の一種のダンディズムといっていい。つい最近ひもといた小島政二郎『眼中の人』（岩波文庫）にも、そうした芥川が描かれていて、「前歯の一本に薄いシミのある口を明けて、芥川は静かに破顔一笑して見せた」などとあって、回転のいい頭脳のはたらきと弾力をもった想像力を発揮して、結構、煙に巻いていたようすを伺わせるのです。

もう、かれこれ二十年以上も前のことになります。「近代日本の文人画」と題した展覧会（注3）を開催し、そのときに展示された芥川の河童の絵を思い出します。それはまさに芥川が独りほくそ笑んでいるといった態のものでした。

しかし、記憶が曖昧なので図録のほかに『芥川龍之介遺墨』（中央公論美術出版）に当たってみてわかったのですが、二点ありました。《河郎之図》と《娑婆を逃れる河童》です。前者は河童の姿を比較的素直に絵にし、歌を賛じたものとなっています。後者も歌を賛じてはいるけれども、絵のようすはまるでちがいます。何か駆り立てられているような異様な河童の姿なのです。わたしの記憶は、一般に知られている《水虎晩帰図》の河童でした。ですから、つくづくもの覚えの悪さを自覚したような次第なのですが、こんどあらためて『遺墨』に当たって、《我鬼生墨戯》の一通りでないのを知らされました。

特に《娑婆を逃れる河童》には、「橋の上ゆ胡瓜なくれは水ひびきすなはち見ゆるかぶろのあたま」という芥川の、どことなく秋艸道人（会津八一）の書を想わせる、滑るような字体で歌が書かれていて、芥川の風懐をしのばせます。編者の小穴隆一によれば、芥川が自決したいと言い出した以降の河童の絵らしいのですが、いかにもそんな感じの変梃な河童です。小穴とは〝田端之河童〟（芥川）〝本郷之河童〟（小穴）と言い合って、たがいに書簡を交わしていて、《水虎問答之図》や《馬に蹴られた河童》などのような、軽いユーモアの戯画風のものがあるけれども、この《娑婆を逃れる河童》だけは、鋭い感覚がそのまま凍結したような別格の作品となっています。

文学の仕事との関連で、芥川の絵をどこいらに置くべきなのか、わたしには見当つけられないが、何となく「沼地」のなかの無名画家の絵をみている芥川を重ねたい衝動に駆られます。もっと深刻に受け取るなら「地獄変」の絵師の実存を考えてもいいでしょう。

要するに芥川の想像性の方向は、いわれているところの、自然主義的な風土にそったものではなかったということなので、そのせいか、どこかつくりものめいた印象をあたえますが、河童の絵に限らず、ひとつも写生に与したものがない、《化物帖》なんかはその最たるものです。

が、何と言っても芥川の発明は河童です。釣竿のほかに何か持たせるものはないか、と、小穴に相談して蒲の穂にしたそうですが、およそ似ても似つかない格好のものとなっています。しかし、その方がかえって河童の絵に相応しいから面白い。横山大観が三年間みっちり仕込んでやる、と、芥川を口説いたそうですが、これは画技のコツを教えるということで、大観はすでに芥川の尋常でない、その想像力と鋭敏な感受性を信用して、そう言ったのにちがいありません。真偽のほどはわかりませんが、「画は人なり」を地でいった大観ですから芥川の物事を洞察する力を見抜いていたとしてもおかしくはない。

いずれにせよ、余技の領域を出なかった芥川の絵は、師と仰いだ夏目漱石にあやかったところがあって、大いに嗜みとした面があります。そして絵をみることの根本を尋ねた「秋山図」のような小説を書かせたのは、若い時期に原三渓の長男善一郎や美術史家となる矢代幸雄との交友を介して、東洋美術への眼を養っていたからです。

晩年の「河童」にもしも芥川自らの河童の絵との共演があったとしたら、きっと愉快なものになっただろうな、とわたしは思います。


『芥川龍之介全集』第五巻「月報」（岩波書店、一九九六年三月）

注1「能面展」（神奈川県立近代美術館、一九七九年）
注2「大川の水」（一九一二年）、「少年」（一九二四年）などにイタリアの詩人ダンヌンツィオを介して連想。
注3「近代日本の文人画」展（神奈川県立近代美術館、一九七四年）

『枕草子』に駆られた断章

『枕草子』といっても、これはもっぱら大学受験の「古文」の試験問題に備えて学んだという以外に、わたしのなかでは特別な思いはない。したがって、ある懐かしさをもつけれども、まあ、どちらかといえば「古文」を苦手にしていた記憶が邪魔立てをして、ちょっと敬して遠ざけているという恰好かもしれない。ときどき日本論や日本人論の話題につきあって、その伝統的な見方、感じ方あるいは暮らしの一端を閲《けみ》する際の、その遠い先のほうに『枕草子』がある、といったようなぐあいである。

いま、暮らしの見直しが各方面で喧《かまびす》しく論議されている。そのせいで、わたしの専門領域（というより関心事のひとつ）である「パブリック・アート」の世界も多様な視点から検討を余儀なくされている。不思議なもので、この方面の理屈に関心を集中させるほどに、どうも日本の伝統的なものがはらんできた、つまり『枕草子』のなかにも感得される、あの「あいまいな時・空間」が無視できなくなってきたという印象をもつようになったのである。とりわけ都市景観や建築空間が問題視されるようになったということが背景にあるから、よけいにその感をつよくするのかもしれない。

いずれにせよ、この古くて新しい課題（たとえばブルーノ・タウトの『日本美の再発見』のような例をあげるまでもなく）と「パブリック・アート」の課題をどうすりあわせるかを気にしなくてはいけなくなってきたのである。つまり都市といい建築といい、あるいは「パブリック・アート」といっても、それは要するに「あたえられた空間」をいかに秩序立てるかということと無関係ではないからである。それは「古代以来うけつがれてきた空間秩序の発想形式が、将来にうけつがれるべき伝統のひとつであると考えてよい」（伊藤ていじ『日本デザイン論』SD選書、一九六六年）といわれるような現代の問題であると同時に、ひるがえって考えてみると、その「あたえられた空間」の根底にみえかくれしているのは、日本人の伝統的な空間意識につながっているものでもある、といいかえてもいい。西洋のそれとちがって必ずしも物理的な条件（囲われた）を充たしているものではないので、したがってそれは形の上でも機能の上でも未分化の状態であり（注連縄《しめなわ》のような結界をしめすもの）、限りなく「あいまいな時・空間」のなかに存在している。

たとえば、『枕草子』（以下、引用は〈現代語訳学燈文庫〉稲賀敬二訳『枕草子』による）のなかの「七二　初瀬詣での一夜」に、こんな描写がある。

「九月二十日過ぎの頃、長谷寺に参詣する。普通は二泊の行程だ。家とは呼べぬ借の宿をとったその夜、とても疲れて、正体もなく寝込んでしまった。

夜ふけて、月の窓からさしこむ光が、横になっている人たちの衣の上に、白々と映ったりしていたさまが、ほんとにしみじみとした思いを誘った。人は、こんな所で、こんな想いにふける時、きっと歌を詠むのだ。」

内と外との境界のあいまいのさなかに「歌の時空間」がひらけてゆくという、こうした光景が、現代の都市に生きる人間の暮らしの感覚と一見、大きな隔たりがあるように思うけれども暮らしの根にある人間の感受性というのは存外、時の経過に抗して持続しているのではないだろうか。

＊

次に「九五　香炉峯の雪」の場面を読んでみよう。

「雪がとても高く降り積もっているのを、いつもなら庭の雪景色を眺めるところだのに、例にも似ず御格子を下ろしたままで、女房たちはおしゃべりして集まっている。そんな時、中宮様が、『少納言よ、香炉峯の雪は、どうかしら』と仰せになったので、私は御格子を上げさせ、端へ行って御簾を高く巻き上げたところ、中宮様は、にっこりとお笑いになる。女房たちも『そんな詩は誰でも知っていて、歌などにも歌うけれど、とっさには思い及ばなかったわ。やはりこの宮にお仕えする人としては、あなたはうってつけみたいね』とほめる。」

ここのところは宮仕えの回想をつづって、いかにも清少納言の面目躍如といったところをしめした段として知られている。『白氏文集』の詩の一節を踏まえて、さて——といった国文学の解釈はともかく、わたしがこの場面で想起するのは（たまたま手にした〈新潮古典文学アルバム7〉『枕草子・紫式部日記』に図版として掲載されていたということもあるが）、閨秀画家・上村松園が描くところの《清少納言》（北野美術館蔵）と《雪月花》（のうち「雪」）を描いた作品（宮内庁蔵）である。

前者は御簾を上げようとしている清少納言を内から外をみるように描いたもので、後者のほうは逆に外から内をうかがっていて、御簾越しに艶やかな清少納言の姿がみえる。大和絵の冷泉為恭の、香炉峯に見立てて雪に覆われた山を望み、吹抜屋台で室内のようすを描いた《雪月花》（のうち「雪」）（出光美術館蔵）も同書に図版にされているが、松園の作品は、どちらかというと宮廷の絵所預となって念願の土佐派を再興した土佐光起の《清少納言》（東京国立博物館蔵）のほうを参考にしているふうである。

ことに《雪月花》（のうち「雪」）は結構の大きさをもつ御簾の重さを考えると御簾を巻き上げるか弱き指だけが支えで、いかにもたよりない。「五六　かわいらしいもの」のなかにも「二つ三つくらいの赤ん坊が、急いで這ってくる途中に、ごく小さな塵のあったのを目ざとく見つけて、とても愛らしい小さな指でつまみあげて、大人などに見せたのは、とてもかわいらしい」という段があるけれども、こうしたささやかな佇まいのなかに清少納言の感覚の冴えや発見の目をみるのだが、さすがに松園である、いかにもたよりなさそうなか弱き指の上の御簾であるからこそ重さは軽減され、決定的な瞬間のさまが強調されることになるのである。ちょっと人間の身体の対応に不自然さをおぼえるけれども、しかし、すべて物腰のやわらかさと全体の雰囲気にこころをくばっての画像となっている。

清少納言の感覚の冴えや発見の目にさそわれて、画家はおそらくこころを躍らせることしきりだったのにちがいない。画家の妙技が、そうしたこころの動きの一瞬一瞬をどのように制御して描いているか（すなわち苦心したようす）は、画像の細部をみればわかる。笹の葉に凍てついた雪を手前に配し、髪や衣の踊るような景色を御簾から覗くように描いている。内と外とのこの対照性の壁は御簾を巻き上げる動作によって消されている。行き来の自由が「あいまいな時・空間」の出現となっている。

しかし、この松園の《雪月花》（のうち「雪」）は、『枕草子』への親和のきっかけをつくってくれるが、畢竟、それは松園の解釈の裡にとどまるものである。

＊

特に意識しなくとも、わたしたちの脳髄のなかに組織化されているもののひとつは色についての反応である。いわゆる日本の伝統的なものがはらんできた美の世界について（普段は関心の外においているにもかかわらず）、ときどき思い出したように強調したい衝動に駆られることがある。過日（二月二十五日）、NHK新日曜美術館で染色家の志村ふくみさんが、色について感動的な話をされていた。藍を染める際のひかり輝く色の変化の不思議について語っていた。以前、読んで感銘をおぼえた『一色一生』（求龍堂、一九八二年）のなかで、志村さんはそのことをこんなふうに書いている。

「糸は藍の中にひそみ、盛んな色素と香気を吸収して静かに引き上げられる。竹竿に一気に絞り上げられた糸は、空気に触れた瞬間、目をみはるような鮮烈な緑、陽をうけて輝く南の海のあのエメラルドグリーンにたとえられようか、しかしその色も瞬時も保つことはない。勢よく糸さばきをするうち、すばやく酸化するのである。やがて水中で洗われ再び空気にふれたとき、まぎれもなく、涼しく深い藍色が誕生する。ここ五年間念じつづけてきた日本の藍の色が今はじめて、健やかな子供の笑顔となって私にほほえんでくれた。」

これは「一　春は、あけぼの」にはじまる『枕草子』の自然観照に遠い縁起をもつ話の内容であるといってもおかしくはない。が、何と志村さんは番組のなかで、文豪ゲーテの『色彩論』をあげ、そこに自分もあやかりたいのだというようなことを話していたのである。咄嗟のことで何のことか判然としなかったが、要するに色の科学でありながらその科学に収まらない色の不思議を語っていたのである。

ゲーテがそもそも色彩研究に本格的に打ち込むのは、イタリアからもどった一七八八年以降のことである。その光学的関心が徹底して物理学的態度をつらぬいた、かのニュートンに対して、ゲーテのほうは現象学的主観に根拠をおき、いわば人間感覚の壮大なる讃歌となった。したがって彼の『色彩論』は、光学的関心の産物であると同時に、色彩の変化をみずからの目でとらえようとした現象学的洞察となった。新プラトン学派のプロティノスの語句にかりて『色彩論』の〈教育篇〉のなかでゲーテはこんなふうに書いている。

「もしこの眼が太陽でなかったならば／なぜに光を見ることができようか／われらのなかに神自身の力がなかったならば／神的なるものがなぜに心を惹きつけようか」と。そして「色彩とは眼という感覚に関する基本的な自然現象である」（『色彩論』高橋義人・前田富士男訳、工作舎、一九九九年）と。

けれどもわたしがいいたいのは、ゲーテを駆り立てていたこの内在的理由についての疑問なのだが（到底、わたしの任ではないが、弟子のエッカーマンの『ゲーテとの対話』にも、その理由についてはっきりとした説明はない）、これは永遠の謎といえば大袈裟だが、とにかく不明のままなのである。もちろん、色彩研究についてわたしがその論考の客観的是非について云々するわけにはいかないし、またその任でもない。それはすなわち複雑な自然現象との対話をとおして、直々に手にする以外にない個々の経験を、どのように世界にむけて啓くことができるか、という方法の獲得ということにほかならない。要するにゲーテは内在的に光（色）を生きたのである。

さて、藍の話からゲーテに飛躍してしまって収拾がつかなくなった。話を元にもどす意味で『枕草子』のなかの（わたし好みの）もっとも感覚的で切れ味のいい段のひとつをここで引こう。「七六　月明の川」である。

「月のとても明るい夜、川を渡ると、牛の歩くにつれて、水晶などがくだけ散るように、水の飛沫があがるのが、おもしろい。」

理屈っぽい話ではない。簡潔で印象的な一文である。随分まえのことだが、アメリカの東洋美術史家ラングドン・ウォーナーが、その著『不滅の日本藝術』（寿岳文章訳、朝日新聞社、一九五四年）のなかで、牛車の轍《わだち》のことを書いていて、そんな描写が時代をさかのぼる感覚をあたえるのかもしれない、と、えらく感動したことをこの「月明の川」の段は思い出させる。水や月や雪などを好んで採用するその観察は、単に『枕草子』に代表される日本文学の伝統ではなく、西欧でもロマン派の詩人などは、やはりこの変異性をもった流動的なイメージを古典主義の規範からの脱出と考えていた。イギリスの詩人ジョン・キーツなどは「否定的可能性」などとむずかしく定義しているが、それはある種の気配のようなものであるといってもいい。九鬼周造の『いきの構造』は、まさにこうした意味で日本美の核心にせまろうとした論考である。

日本の伝統的なものがはらむ美的洗練の微妙な世界は、体質的な制約のうちに表現され、個性を強調するというよりは、外在的なものとの関係性において、ネガティヴなようすのうちに生じてくるものをとる。同時にそれは「軽み」や流動的な性質をもっているのが特徴だ。

『枕草子』はその点でもっとも典型的なものであるといってさしつかえない。奇抜な着想にあそびながらも時代の人事・風物の輪郭線は明快であるが、それをとりまく周囲のようすだけは限りなく流動的だ。別のいいかたをすれば、それこそ「あいまいな時・空間」といっていいのかもしれない。

『國文學』（学燈社、二〇〇七年六月号）

岡倉天心の『茶の本』――もっと深く知りたい日本

岡倉天心の『茶の本』をとりあげるが、はじめにこの本を選ぶことにしたわけを少しばかり述べておきたいと思う。

国内外の読者に、日本のことをこれまで以上に深く知ってほしいと考えて、いわゆる「日本文化論」として知られる著書をあげてみると、わたしのような者でも優に数十冊の名著を思い浮かべることができる。だから何か目安がないと選択にこまる。そこで編集子に問い合わせたところが、紙面はとくにこれといった制約はありませんので自由に書いて結構です、という返事である。

やれやれ、事の始末は自分でつけなくてはいけない。それでまず明治期以降の書籍で、美術に関連したものから選ぶことにした。わたしの知らない領域ではないし、まあ無難なところと判断したからである。

しかし美術に関連するものであれば何でもいいのかというと、そうではない。一定の評価をもった書籍がのぞましい。そして今日的な視点に照らしても、その価値の見積もりは上がることはあっても下がることはないもの――などと頭のなかで反芻し、しばらく決めかねていた。そんなある日に、天心の『茶の本』なんかはいいのではないですか、というＪＣＲＩ（横田茂理事長）の一言（提案）があった。わたしは頷いた。言われてみれば、はじめに据える対象としても相応しいと思ったからである。

そこまではいい。しかし、いざ天心について書くということになると、そうは問屋が卸さないのである。変な例えになるけれども、凧揚げ遊びがあったとして、自分独りの力ではとてもあつかえないような大凧をあたえられてしまった――といったような感じに直面するのである。天心の人と思想について考えをめぐらすときには（どういうわけなのか知らないが）、いつもこうした作事の寸法に合わない、この大凧となって現れる天心（あるいは天心の像）にとまどうことになるから不思議である。

ずいぶん昔のことだが、中国文学者の竹内好氏が天心のことをこんなふうに書いていたのを思い出す。

「天心はあつかいにくい思想家であり、また、ある意味で危険な思想家でもある。あつかいにくいのは、彼の思想が定型化をこばむものを内包しているからであり、危険なのは、不断に放射能をばらまく性質をもっているからである。うっかり触れるとヤケドするおそれがある」（『朝日ジャーナル』一九六二年五月二十七日号／『日本の思想家I』朝日新聞社刊に収録）と。

「危険な思想家」であり「不断に放射能をばらまく性質」をもった天心――と想像しただけで、もうこれは自分の手にあまる代物（対象）だという気がじわじわとしてくる。別にはじめから予防線を張っておこうとして腰が引けているのではない。天心の思想が「定型化をこばむものを内包している」ところに問題の本質があるのである。つまり内発的な発信人＝天心の声は、しばしば誤解や曲解のなかで受信され、ある意味では政治的にも利用されてきた（日中戦争以降の文化ファシズム）という歴史的な事実を踏まえて、竹内氏は「放射能」云々といっているのである。

まあ、考えてみれば、いかなる思想もそれ自体では存在しない。とりわけ歴史的にも社会的にも、時代の制約をつよく受けた闘争の人の思想というのは、自他の識別をむずかしくする。評価の振幅のはげしい天心の思想もまた、そうした例にもれない——ということわりを述べた上で、この本の紹介に入ることにしたい。

＊

岡倉天心（一八六二—一九一三）の『茶の本』が、ニューヨークのフォックス・ダフィールド社から出版されたのは、一九〇六（明治三十九）年のことである。原本は英文である。書名は「THE BOOK OF TEA」で著者名には本名の「OKAKURA・KAKUZO」をつかっている。

この著作を用意する時期の天心は怱忙をきわめている。前年の春に帰国してすぐに、ボストン美術館の作品収集のために、京都、奈良をめぐり、六月には五浦で六角堂の建設に携わり、十月下旬にはまたボストンにあって、収集品の目録ならびに解説を書くという仕事をしている。前年の春に日本へ帰る途次と、『茶の本』の刊行された年の二度にわたって、天心はサンフランシスコで留学中の子息一雄と会っている。その一雄の『父岡倉天心』（岩波現代文庫、二〇一三年）には、ボストン美術館での「好きなウイスキーの杯を手にすることもできなかった」忙しい仕事を片づけて、ようやく天心が第三の著作、つまり『東洋の理想』および『日本の覚醒』につづいて『茶の本』（一雄は『茶の書』と書いているが）に手を染め推敲をかさねたようすが記されている。競って読まれた理由としては、文章が洗練されているのと、難解なことばをつかわずに欧米人のもたない「東洋人の美点」を強調したことをあげ、彼らは「密かにかぶとを脱がざるをえなかった」のだ——と書いている。

この『茶の本』は、ジョン・ラファージに献呈されている。ラファージはトマス・イーキンズやウインスロー・ホーマーとならぶアメリカ美術界の巨匠である。一八八六（明治十九）年に来日し、その見聞記『一画家の日本だより』を出すのは、一八九七（明治三十）年のこと。天心を支援した人物の一人であったが、しかし天心を支援した最大級の存在ということになると（『茶の本』の刊行も含めて）、やはりボストン社交界の女王と称されたイザベラ・ガードナー夫人を無視するわけにはいかない。天心が亡くなる年の一九一三（大正二）年に、彼がボストンを発つにあたって、幻想的な劇詩『白狐』を書き上げ、それを夫人に献呈したというのは、天心の夫人への深い思慕の念を示すものであった。

いずれにせよ、この二人を含む多くの知人・友人たちが、天心の『茶の本』の宣伝にこれつとめた結果、本はまず英語圏で大きな話題を投ずるところとなり、その後、ドイツ語版やフランス語版も刊行されるにいたるのである。広く欧米人が「日本文化」を知る上での欠かすことのできない一書というだけでなく、東洋の精神的な世界を独特の魅力をもって語った一書として愛読されることになった。とりわけドイツ語版は、ドイツで大変に有名なインゼル社の叢書に加えられたこともあって、一九一九年の初版本は一万部を数えたという。第一次世界大戦で疲弊したドイツ国民の多くが、この本にある種の精神的な癒しの思いをかさねたからであるといわれている。

日本語版の『茶の本』（村岡博訳、岩波文庫）が出されるのは、一九二九（昭和四）年のことである。これも版をかさねて今日におよんでいるが、その後、訳者や出版社を異にして、いわゆる新訳と称する『茶の本』が出されるけれども（ここには列記しないが）、おそらく十種を超えるのではないかと思う。

＊

さて、わたしの手元にも数種の『茶の本』がある。格調高い訳として知られる岩波文庫版のあとで、比較的はやい時期にわたしが手にしたものは、『岡倉天心』色川大吉編／日本の名著39（中央公論社、一九七〇年）に収められた「茶の本」（森才子訳）と、講談社文庫版（一九七一年）の『茶の本』（宮川寅雄訳）であった。その後、平凡社版の『岡倉天心全集』全八巻／別巻（一九七九―一九八一年）が刊行されて、その第一巻に収録された「茶の本」（桶谷秀昭訳）にも目をとおした。

天心に関する文章を書く必要にせまられたときには、どれか一つに限定しないで参照してきたということもあって、わたしはこれらの訳稿についてはとくに気にかけるところはなかった。けれども、たまたま『茶の本』の出た一九〇六年から数えて、ちょうど百年目となる二〇〇六年に、天心の祥月命日九月二日に併せて、「『茶の本』の一〇〇年」と題した国際シンポジウム（有楽町朝日ホール）が開催され、パネル・トークの一人として招かれたので、そのときに携えていったのが、平易な訳となっていた角川文庫版（二〇〇五年）の『新訳 茶の本』（大久保喬樹訳）であった。

褒められたやりかたではないと思ったが、わたしはこの本に付箋をつけ、その個所を壇上でいくつか拾い読みし、そこからわたしの意見を述べるということにしてトークに加わった。

『茶の本』は第一章から第七章まであって、それぞれテーマ別に論じられている。とくにわたしが感心した箇所は、第三章の「道教と禅」と第五章の「芸術鑑賞」（『新訳』による）のところであった。もちろん茶・茶道・茶室などについてふれている各章の簡潔な話にも感心した。が、やはり天心の思索の中心にはたらいている「道」の思想や豊かな詩人的資質を示す「芸術鑑賞」に、わたしは感動した。古人の逸話を介して噛んで含むように語る天心にも翻弄された。

わたしが拾い読みした箇所だが、例えばこんないいかたをする。「完全を求めようとする者は、自分自身の暮らしのうちに内なる光の反映を見てとらなければならない」とか、また「芸術において、相似通った精神がひとつに結ばれることほど神聖なものはない。出会った瞬間から、芸術を愛する者は自身を超える。もはや彼は彼であって、彼ではない。彼は永遠を垣間見るが、その喜びは言葉でもってあらわすことはできない」というように。ところが、あとのほうの「芸術鑑賞」の、いわば感動の秘密にふれて言葉を失うという一節につづけて、天心は「なぜなら、目に舌がないからだ――」といったような洒落をとばしたりするのである。

とにかく、このシンポジウムは『茶の本』のもつ限りない豊かな魅力とその世界を、五人のゲスト・スピーカーそれぞれが専門分野に立って具体的に、また自身の体験に即した視点からわかりやすく語っていた。わたしが加わったパネル・トーク（『茶の本』再考）では、いろんな面から天心を分析・解釈するというように、結構、熱を帯びた話に展開した。が、いずれにせよじつに刺戟的なシンポジウムとなった。

シンポジウムの記録として刊行された『茶の本の一〇〇年』（小学館スクウェア、二〇〇七年）を、いま机上に置いて再確認しているが、わたしが印象深く聴いた話をここにいくつか拾い出してみよう。

磯崎新氏による『茶の本』とフランク・ロイド・ライトの建築空間（＝箱）の「破壊」についての言及、あるいは『茶の本』で天心がもっともいいたかったことは、第六章の「花」のところにあったのではないか——という大胆な推理にはびっくりさせられたが、考えてみれば啓発的な視点である。ドイツで読みつがれてきた『茶の本』とブルーノ・タウトについて語ったマンフレッド・シュパイデル氏の話、また現在の茶の湯、茶道界と天心の『茶の本』は、いまだ擦れ違いの状況にある——と指摘した熊倉功夫氏の話など、どれも目から鱗の、興味深い内容であったが、わたしとしてはパネル・トークで隣の席にあった詩人アーサー・ビナード氏と交わしたパーシヴァル・ローエルの『極東の魂』や『能登』などについてもっと論じてみたかったと思っている。

いずれにせよ、天心の思索の中心にはたらいていた思想が、はたしてどういった世界にむすびついているのかを端的にいうのは難しい。深い詩想にみちていて、しばしば暗示的だからである。

道教的な世界ないしは東洋的な霊性の領域と言い換えてもいいが、とにかく人間の叡智を尋ねた東西の思想家を例にあげながら天心とこの『茶の本』を論じた若松英輔氏の『岡倉天心『茶の本』を読む』（岩波現代文庫、二〇一三年）には、新しい視点で読み解く興奮を味わった。

近年の天心研究で木下長宏氏の『岡倉天心』（ミネルヴァ書房、二〇〇五年）に、わたしは多くを教えられた。とりわけ天心の生涯は「美術史を書くことによって美と人生を生きようとした」という一節に、わが意を得たよろこびを感じた。その木下氏が訳稿に腐心したという『新訳 茶の本』（明石書房、二〇一三年）をあげて、この一文を閉じたい。

夏目漱石の美術批評「文展と芸術」——時代をとらえた眼の人

前に紹介した岡倉天心の『茶の本』は、広い意味で日本の文化や芸術などへの、世界のこころある読者に向けた、一種、導きの書といえるものである。と同時に、あらゆる領域において「近代」を開拓しなければならなかった天心の象徴的なおもいの詰まった書といってもよかったが、いわゆる美術論という枠に収まる内容のものではない。そこでこんどは美術論の領域に限った現場の論考にしたいと考えたのだが、これがなかなか難しい。

天心と同時代の森鷗外あたりにマトをしぼって、何か適当な文章を選んでみようかと考えたが、それもすぐには思い浮かばなかった。学生時代に首を突っ込んだ美学の授業が脳裏をよぎって、収拾がつかなくなる、そんな心配もした。といって純粋な意味での美学を学んだととられてもこまるが、とにかく卒業後に美術館に職を得てから、あの硬いドイツ美学の文章に、わたしはついていかれないのを知った。正直にいえば、美学＝美の思索についての歴史的な経緯や内容を、ドイツ語も碌にできないわたしには、十分に咀嚼できていなかったのだといったほうがいい。

いずれにせよ最初から逃げ腰の恰好となったので、それでは——という気持ちで『美術　日本近代思想大系17』青木茂・酒井忠康編（岩波書店、一九八九年）を久しぶりに紐解いたのである。

ところが最初に出てくる西周の「美妙学説」の冒頭を読んで、こりゃ、やはり止したほうがいいと思った。「哲学ノ一種に美妙学《エツセチツク》ト云アリ。是《これ》所謂美術《ハインアート》ト相通ジテ其元理ヲ窮ムル者ナリ。人ノ性上ニハ道徳ノ性アリテ、善悪正邪ヲ分別スル作用具ハルハ固ヨリ言ヲ待タズ――」とつづく。

いつ、どういう思索の果てに、「美学」や「美術」の訳語が誕生したのか、といった点に限れば、この論考も無視できないけれども、しかし延々とこの調子の文章につきあうのは、ここでは避けたいと思った。

そうかといって、やはり天心や鷗外と同世代の地理学者・志賀重昂のベストセラー『日本風景論』(一八九四年)をとりあげるのも、ここではちょっと遠回りにすぎると考え、結局、鷗外と併称され、多くの愛読者をもつ夏目漱石(一八六七―一九一六)の仕事のなかから唯一まとまったかたちで美術を論じた「文展と芸術」をとりあげることにしたのである。

＊

前置きが、いささかながくなったが、わたしの書架に『夏目漱石・美術批評』陰里鉄郎「解説」(講談社文庫、一九八〇年)がある。

「文展と芸術」は漱石が、一九一二(大正元)年十月十五日から二十八日まで、十二回にわたって『東京朝日新聞』に連載した全文と、その内容を実証的にあたった資料の提示と考証による長文の陰里氏による「夏目漱石の文展評を読む」が二本柱になっている。加えて、展示された作品の図版、会場の見取り図、あるいは展覧会を紹介する諸雑誌、新聞など（面白おかしくつたえる漫画雑誌類まで）も図版を入れて収録した、なかなか手の込んだ編集となっている。

この「文展」というのは、文部省美術展覧会の略称で、政府がこれまで殖産興業の一環とみなしていた美術を、そこから切り離して、文教施策としての美術の自立を謳ったものだった。漱石が書くことになったのは、第六回展であるが、第一回展は一九〇七（明治四十）年であった。

連載の一回から五回までは、芸術についての自説を展開し、六回から十二回までは、実際に会場をめぐって、漱石の眼にとまった作品を論評するというかたちをとっている。会場は上野公園内の竹之台陳列館であったが、漱石が足をはこんだのは、会期の初日の十月十三日と連載終了前の二十六日の二度である。初日は何と一万一千人以上の入場者を記録し、その混雑に圧倒されたようすである。漱石は「凡ての感想は此せわしい動揺の中に、閃いたり消えたりして、雑踏の間を縫ひ廻つたのである」と書いている。

前段の批評は「芸術は自己の表現に始つて、自己の表現に終るものである」という書き出しだが、「自己を表現する苦しみは自己を鞭撻する苦しみである。乗り切るのも斃れるのも悉く自力のもたらす結果である」というように、『文学論』などで養ってきた自己の批評信条をつたえ、そして後段においては個別の作品評を展開するという二段構えをとっている。

しかし漱石の批評のもっとも奥深いところの課題は、「自己表現としての芸術」ということであった。それはまた批評する側の自分の姿を映す鏡となって見えてくるところに、漱石の苦悩があったと解してもいい。「最も権威ある魔は他人の評価である。此の魔に犯されたとき我々は忽ち己れを失却してしまふ」「ひたすら審査員の評価や俗衆の気受を目安に置きたがる影の薄い飢えた作品を陳列せしむる様になつては、芸術のため由々しき大事である」――というような個所を読むと、飛躍に過ぎる見解かもしれないが、かつて吉本隆明氏が小林秀雄の批評を「批評する者の自意識」と称したことがあったけれども、この形容は四半世紀を遡って漱石にまでつながっている、と考えられるのだが、どうだろう。

体調万全でなかった漱石は、初日に会場を訪ねたときには相棒の寺田寅彦をともなっている。ところが、二度目は記事の確認で津田青楓とつれだっている。絵画についての意見をしばしば書簡で青楓と交換し合っている漱石だったが、青楓は帰国早々の気鋭の洋画家として出品したものの落選となり、また漱石の意中にあった青木繁も落選組の一人であった。憤懣を押し殺しての「文展」評となったわけだが、それはともかく、千八百余点の応募作品に対して、入選作品は約一割の百八十余点であったというから厳しい審査結果といっていい。落選したので展示されていない青木繁にふれているのは、漱石の思いの一端が、どこにあったかを暗示し、友人の中村不折や和田英作の作品については、こっぴどく批判をする漱石であった。だが坂本繁二郎の《うすれ日》の評は、さすがに漱石の眼だと感心させる内容である。

「牛が一疋立つゐる丈である」と素っ気なく書き、また「自分はなんの詩興をも催さない」と断っていながら、「此画には奥行がある」といって、こう評している。「牛は沈んでゐる。もつと鋭く云へば、何か考へてゐる」云々――と。豊富な知見と自身の絵の嗜みをかくさないで語る漱石の評は、画家の生活や思考の投影を的確なことばでとらえて鋭い。

毎年秋、「文展」は美術界最大の国家事業として話題になったが、官設展の威光にあぐらした類型的な作品がめだつようになっていた。他方で日露戦争後にヨーロッパにわたって新しい潮流に感化された画家たちが帰国し、在野のグループが結成された。高村光太郎、萬鐵五郎、岸田劉生などの「フュウザン会」は、印象派後の潮流を果敢に紹介する場となった。漱石も足をはこんで「文展」評のなかでも引き合いに出している。それだけ複雑な思いを抱いていた証拠であろう。まさに美術界の景色が変わりはじめる過渡期に、漱石の「文展と芸術」は書かれたのである。

わたしは『夏目漱石・美術批評』の「解説」を併読することによって、実証の細部を究めることの大切さを知った。その意味で、どこかこころある出版社が再版（復刻）してくれることを望んでいる。

＊

目下、朝日新聞紙上に、ここ数年、夏目漱石の『こころ』『それから』『三四郎』などの代表作品が掲載されている。いかにもモトの連載もこんな按配だったのか、と、当時を彷彿とさせるこころみに、わたしも新聞を切り抜いたりして、結構、つきあって読みつづけてきたのだが、ときどき、専門家のコラムが入って、なるほどそうか、といったような蘊蓄を聞かされる。

これは石崎等氏による「猫ガイド」のコラム記事（『朝日新聞』二〇一六年七月十八日）に、ストーリーを無視し逸脱を気に留めない「脱線文学」の代表格ロレンス・スターンを、若き日の漱石が論評していたという話があった。それだけでなく漱石が『吾輩は猫である』を書いたのは、一種のセラピーだったのではないか、という見方をしているのにわたしは共感した。なぜなら漱石が絵（水彩画といっていい）を嗜むきっかけのところに（徳冨蘆花もそうだが）、そもそもこの心理的な癒しへのかかわりがあったのだから――。

脱線ついでに、ふと思い出したことを書いておこう。眼の人・漱石の『草枕』を、まさに枕頭の書としていた耳の人＝ピアニストがいた。グレン・グールドである。「夏目漱石とグレン・グールド」の副題をもつ横田庄一郎『「草枕」変奏曲』（朔北社、一九九八年）には、こう書かれている。

「グールドの生き方については、漱石の『草枕』が深く彼の内側に入り込んで関わっており、かなりの影響を与えていた、と私は思う。『草枕』はある種の見事な芸術論であり、芸術の本質的な思索であり、桃源郷としての非人情の世界が描かれている。グールドの共鳴の奥底はここにあったにちがいない。」

『ＪＣＲＩ』Annual Report Vol.4（二〇一四年）

Ⅱ

詩と絵画

村山槐多の詩と絵画

村山槐多（一八九六―一九一九）が、二十二歳と五か月で亡くなって、まもなく九十年（二〇〇八年の時点で）になろうとしている。それなのに槐多の詩と絵画には、時の経過を微塵も感じさせない新鮮さと爽やかさを印象づけるものがある。これはおそらく槐多の詩と絵画が、その発生において自分自身の創造の源泉からほとばしり出ているところに起因しているからであろう。

といってもまったく借り物の衣裳を着ていなかったといっているのではない。自分自身の創造の源泉に、いささか無謀とも思える行為のなかで、遮二無二《しゃにむに》、突っ込んでいった感情のたかまりと、それを穏やかなものとすべく躍起となった知性のはたらきが、まさに槐多において、独自のかたちで蒸留されたからこその詩であり絵画となったのではないか、そんな思いにも駆られる。異様な輝きあるいは稀なる魅力を槐多の詩と絵画にみるとすれば（すなわちその誕生の理由を知りたいと思えば）、とにもかくにもまず槐多の短い生の不思議に、そのことをたずねてみる以外に手立てはないといっていい。

槐多の詩と絵画といっても、仕上げのよしあしからすれば、当然、いまだしの感をまぬかれないものばかりである。別の言い方をすれば、槐多にとっては自分に見合った衣裳の設計が間に合わなかったのである。たえず予感のなかで脅かすのが、そもそも宿命なのだとすれば、手っ取り早い話、槐多はすべての面において（もちろん精神的にも肉体的にも）裸のままに生きるほかなかったからである。

だから時代の一隅を、嵐のなかで哮《たけ》り狂ったように、その野生的ともおぼしき詩魂の光を放って、彼は疾走した。そして燃え尽きたのである。

世人は夭折とか天才の衣裳を着せたが、これはいわば「槐多像」の永遠を願った一種の神話作用と考えていい。悲劇的な生の相貌が絡んで芸術的価値（仕事の成果）を度外視してしまう弊を招くことにもなったが、しかし、芸術と人生とを混同する、この「美しき誤解」は、独り槐多に帰せられるべきものではなく、近代日本の芸術それ自体の、人生や生活から独立する力に欠けた証拠でもあった。

その意味で村山槐多を、この「美しき誤解」からまず解き放さなければならない。その上でわたしはいいたい。槐多だけは、正直、掛け値なしの天才児であった——と。『槐多の歌へる』（講談社文芸文庫、二〇〇八年）を手にされる読者の多くも、おそらく、この早熟の天才児には度肝を抜かれるのではないかと思う。それはまだ十代半ばの槐多である。

＊

資質に恵まれた天与の才能は、しばしば、感受性のするどい人たちを釘付けにしてきた。その一例が詩人草野心平氏と槐多の遺稿集『槐多の歌へる』（アルス、一九二〇年）との出遭いである。草野氏は『村山槐多』（日動出版部、一九七六年）のなかで「一読、その言葉とスタイルの斬新さに瞠目した」と書いた。そして槐多の詩歌のなかに、色彩の豊かさを発見して、詩人であることと画家であることとの、この「二つの可能性を先天的に一身の内に持っていた稀有な存在だった」――と槐多を見定め（天与の才能を評価し）、槐多の生きざまをそこに重ね合わせて次のように述べている。

「槐多芸術の主体は少なくとも中学時代は文学（詩、短歌、戯曲、小説）であり、中学時代の最後期からその死までは絵が槐多芸術の主体であり、詩は画家としての彼自身を叱咤する鞭になったり、画家として、また生活者として槐多自身の辛い告白に変って行った」と。

いかにも詩人らしい人の分析であり要約である。たしかに槐多においては詩と絵画を分離して考えるわけにはいかない。制作の時期にしても然りである。だから「詩は画家としての彼自身を叱咤する鞭になった」というのは、蓋《けだ》しその通りのことでもあった。要するに槐多の詩が絵画に変貌する秘密がそこに隠されているということである。

いくつかの絵（わたしの好みに従っているが）を以下にあげてみる――たとえば槐多の内なる声としての詩の熱気を、絵画の約束に従わせて描いた《庭園の少女》（一九一四年）や《カンナと少女》（一九一五年）などの魅力に富んだ初期の水彩画は、そうした槐多の感情の起伏を平らかなものとすることで生まれた作例である。鋭い直感と知性が木炭画の数々の自画像や鑿《のみ》の痕を思わせる人物像ないし巨木の枝の折れた《欅《けやき》》（一九一七年）を描かせているが、これらは徹底した自己管理の産物だったと思える。物語的な文学の才能も桁違いだった槐多は、結構、エドガー・アラン・ポーの奇想に充ちた作風を真似て戯曲や小説にまで手を染めているが、それがまた原始主義とアニマリズムを謳歌した槐多の宗教的感情に混じって、自刻像のごとき《尿《いばり》する裸僧》

（一九一五年）や《のらくら者》（一九一六年）となり、他方、浪漫的余情に流れて《天平の村》（一九一七年頃）のような作品に結実した――と。

一見すると絵筆の隙間からは、まだ冷めやらない詩の熱気がつたわってくるものばかりだ。が、しかし、何か幽寂とした不思議な静かさが潜んでいることを感じさせる。そうなると絵の印象もがらりと変わってくる。恐ろしいばかりの意志の力で槐多は自らのあふれるばかりの詩魂の氾濫を制しているのを知ることになるからである。思惟の手をそこにみるといってもいい。

しかし、どうだろう。詩の熱気を冷《さ》ますことがすなわち槐多の絵となったのではない。本当のところは互いに闘いの槍を突きつけたところに、槐多の詩と絵画の誕生があったと解したい。

＊

話のはこびが、少々、急ぎ過ぎた感がある。槐多のこうした詩と絵画の行き来のなかには、血と太陽と色彩に対する槐多の讃美の念が燃えていて、後年、高村光太郎の詩（「村山槐多」一九三五年）のなかで、「火だるま槐多」と呼ばれたように、真っ赤に染まった槐多の原像をみることになる。それはすでに十代半ばにつくられていたものだったのだ（極端な言い方をすれば十二、三歳の頃から始まっている）。

血染めのラッパ吹き鳴らせ

耽美の風は濃く薄く
われらが胸にせまるなり
五月末日日は赤く
焦げてめぐれりなつかしく

ああされば
血染めのラッパ吹き鳴らせ
われらは武装を終へたれば。

これは「血染めのラッパ吹き鳴らせ」の一行で広く知られる「四月短章」と題した詩の四章目である。詩人が絵筆を握って通りに立ち、人々に、あるいは宇宙にでも語りかけているかのようなスケールの大きな印象をあたえる。槐多のその後を暗示する象徴的な十七歳のときの詩だが、一個の血染めの「槐多像」がそこに立っている。血はさらに強調された。同時期に書かれた「充血」という詩はもっとリアルである。

充血せる君　鬼薊
金と朱の日のうれしさよ
わめきうたへる街中に

金箔をぬるうれしさよ

派手に派手に血を充たせ
君が面に赤き血を
ひとへ赤鬼の如く見ゆるとも
ひたすらに充血せよ

この二つの詩を読むと、すでにもう槐多が槐多になっているような、そんな印象をもってしまう。実際は十七歳の槐多である。だからこれらの詩を読んだときのわたしの驚きは半端なものではなかったが、早熟の天才というのは、普通の意味での成長の過程ではとらえきれない、それは一種の飛躍なのだ――と思った。

画家の絵筆は、詩人の詩を封印する。しかし血痕が絵から滲み出る――あるいは暗い闇のなかをうろつく詩人が、燃えるような鮮烈な色彩（赤い色や血の色）に遭遇する、その瞬間に、彼は（いつの間にか）画家に変身している――というように、やがて、こうした連想のなかをいったりきたりする槐多の姿を想像させる。

すでにして一個の血染めの「槐多像」が、詩の言葉に隠れて存在しているからである。わたしは「衣裳の設計が間に合わなかった」槐多――といったが、これはほかでもなく、自前の詩の形式（あるいは絵画の様式）をつくる以前に槐多が世を去ったことを比喩的に語ったものだ。詩人西脇順三郎の『詩学』（筑摩書房、一九六八年）に借りると、「詩」というものは内面的な意味と外面的な意味とに分けられ、前者を「ポエジイ」と呼びたいと書いている。

槐多の場合は外面的な意味での詩の形式というよりは、むしろ内面的な意味での「ポエジイ」に近い。詩の形式は「新しい関係」の発見を目指すが、しかし「ポエジイ」のほうは（といっても渾然としていて判別できるものではないが）、その「新しい関係」の誕生を心から喜ぶ感情である――というふうにもこの詩人は説明するが、確かに驚きの感情や感応の体験に直にかかわろうとしたのが槐多の詩だ。詩の形式は「新しい関係」をもとめて時代の衣裳を着替えるけれども、槐多の詩は「ポエジイ」の言葉の響きのなかにあるといっていい。

その意味で槐多の詩の新鮮さや爽やかさの秘密が「ポエジイ」に関係していたことは間違いではない。槐多の絵もまた然り。つまり新思潮の流派などに例を取りがちな絵画の様式で縛ることができないからだ（ちょっと短絡に過ぎるけれども）。

＊

さて、十代半ばの槐多にもどらなければならない。槐多は回覧雑誌（水彩画や詩を藁半紙に貼り付け、ボール紙を表紙にして紐で綴じた）を次々に出して、詩、短歌、小説、戯曲などを書いている。渡仏した山本鼎（従兄）にデッサン、水彩画、版画、ポスターなどを送って、絵画の道へ踏み出す準備をしている。そうかと思うとボードレール、ランボー、マラルメ、ポーなどに心酔し、また一級下の美少年を追い回している。放浪の旅にも出たりしている。

友人の紹介で三田派の詩人竹友藻風の家を訪ねて、文学・美術談義に費やしているのも十七歳のときだが、京都府立第一中学の校内美術展にも出品し、ヨーロッパの前衛絵画に興味を抱いて、水彩画で唐紙に描いたというのはその頃のことだ。

槐多は本格的な画家への道を素手でこじ開けるようにして進んでいる。東京へ出るのは一九一四(大正三)年のことであった。

中学を終えた槐多は、父(谷助)が農学関係へ進むことを主張したために、父との間が険悪化する。しかし槐多を激励したのは山本鼎であった。鼎はすでにパリから自分の両親に宛てた手紙で、槐多の父の頑迷さには手を焼いているが、槐多には何とかして画家の道に進ませたいと訴えている。将来、自分などは到底かないそうもない画家に成長するに違いなく、親友の小杉未醒が帰国したら槐多を託したいと思っているし、美術学校の費用だって負担してもかまわない――とまで書いている。

別の手紙には「槐多も天才はあるが、少し狂的な処があるから、教導者はなかなか骨が折れませう。どうか円満に発達させたいものです」とある。「彼の少年は悍馬だ、君ならば或は御せるかも知れない」ということで、鼎から槐多を任された小杉未醒は、槐多を「御さうとは思はなかつた」し、槐多との間には「不愉快な回想がない」(『槐多の歌へる』跋文「槐多君を憶ふ」)と述べている。

槐多は上京の途中に信州大屋の山本家に立ち寄っている。その後、田端の小杉未醒邸を訪ねることになる。下宿は小杉邸内の離れの小舎であった。画学生の水木伸一との共同生活となり、早々に日本美術院の研究会員となっている。

小遣い稼ぎの稿料が入ると夜の街に繰り出す槐多であったが、上京直前にも絵馬堂を美術館に見立てる一文を新聞に投稿し、また「京都絵画の特徴」などという「論文」を書くというように、この頃までは結構ペンを走らせている。水木と同郷（松山）で、十代後半の柳瀬正夢がやってくると、槐多がしきりに追い回して困った――と、水木はこぼしているが（草野心平『村山槐多』）、槐多は遊び興じるだけではなく、田中屋（京橋）での梅原龍三郎の個展をみて感動し、高村光太郎の工房などにも出入りしていた節がある。

秋の第一回二科展に水彩画四点を出品して入選を果たし、その内の《庭園の少女》は『みづゑ』（十一月号）に掲載された。上京して間のない画家の卵は、翌一九一五（大正四）年春の第一回日本美術院習作展にも《六本手のある女の踊り》ほか油絵数点を出品するまでになっている。この年、未完に終わった大作の構想もあったようだが、何といっても圧巻は油絵で描いた《尿する裸僧》であった。

この年五月の「日記」には、槐多の高揚をものがたるじつに興味深い記述がある。夏目漱石の『坊っちゃん』（一九〇六年）を読んだ五月十八日に、「俺の下落」を切に感じて「光輝ある天才の道を創始しよう／自ら自己を軽蔑した汝よ汝は恥じよ／汝はまず汝を天才だと確信しろ」と書き、二十二日にはイタリア美術への憧憬というより、自己顕示の「ジオットよジオットよジオットよ／君夢にも思わなかったろう、君の後へ東洋の貧国から村山槐多と云う大芸術家が出現しようとは」とある。二十七日には岸田劉生の個展をみて、なかなか堂に入った作品評のあとに「俺は君を尊敬する、しかしながら決して君の弟子にはならない」と記している。自分の依って立つ位置の自覚があったということであろうが、秋の旗揚げとなる「草土社」の仲間には加わらないといったところなのであろう。

とにかく十月の第二回再興日本美術院展（洋画部）に《カンナと少女》を出品して院賞を手にして、ようやく「槐多劇場」の幕開けとなった。

十月半ばから十一月初めまで（院展の開催中にもかかわらず）、槐多は東京を離れている。信州大屋の山本家に滞在して絵に専念することを決意。その間のことを記した『信州日記―製作と思考』には、五十枚の木炭画を描く目標を掲げているが、滞在中に小説「魔猿伝」を書き上げて『武侠世界』に送ったことも記している。怪奇幻想の世界と長閑《のどか》な信州の自然との奇妙な取り合わせを感じさせる槐多の行状であるが、しかし東京にもどって再び乱雑なくらしに転換してしまう。いかにも槐多らしいという感を抱かせるが、いずれにせよ小杉未醒のもとには、一九一六（大正五）年の春まで厄介になっている。そこを出てから槐多は「おばさん」の家と称した根津裏通りの二階家一間に移っている。

その後の槐多は、放浪と女と酒のなかに身を置き、露骨で無頼着で、詩人的な企図と劇的な表現行為のなかで絵を描いて、一九一九（大正八）年、弱冠二十二歳の生涯を終えるのである。

第一回二科展で注目された水彩画を描いた一九一四年から始まった「槐多劇場」は、僅か四年半で幕を下ろしたということになる。

＊

《庭園の少女》や《カンナと少女》をみる限り、確かに底知れない才能を予感させるものがある。暗闇のなかを疾走する「悍馬」の印象ではない。遠いみしらぬ路地裏へでもつれ込まれるような、不安とギラギラした観念への離陸もない。槐多の視界のなかで一切の興奮が凍結して、何か聖なる光彩のおとずれを俟《ま》っている瞬間の印象である。

しかし、自己のアイデンティティを獲得するこころみが、槐多の内部に亀裂を生んで、透明な輝きのなかに隠れるようにしてあった抒情の詩が、赤い炎を上げて炸裂する。一種の狂気が鋭い牙をむくのは、そのときである。この変貌＝造化の不思議こそ「天才」に固有の現象といえるかもしれない。

槐多の千余枚に及ぶ遺稿を集めた『槐多の歌へる』の広告の載った『著作評論』の同じ号（一九二〇年八月号）で、有島武郎は次のように槐多を評した。

「少しばかりのエネルギーを、火を、使ひへらさない為めに、小さな美しい牢獄に閉ぢこもつて、完全であり得た人はないではなかつた。凡てを焼尽してもなほ悔ひないまでに、自己を延ばし延ばした槐多氏の如きは、わが芸術界に於て稀有なことだといへると思ふ。あれだけの生得の良心と、あれだけの大胆な冒険力とを兼ね備へた人は珍らしい。彼れは彼れ自身に於て完全に新しい生活の型を創立した」と。

この「新しい生活の型」というのは、煎じ詰めれば、きわめて直截的に自己の精神や肉体と結びつく思考を誘発した槐多に固有の「生の形象」と解していい。広い意味では人間についての問いに関連し、心のなかの「社会のかたち」が、どういう具合なのかを問うているのだが、いずれにせよ槐多への温かいまなざしを感じさせる一文である。最後に槐多の「宮殿指示」という詩を引いて、『槐多の歌へる』というのは、その「記念的宮殿」なのだと記している。有島の書斎の壁には久しく《カンナと少女》がかかっていたという。

みなさま御覧なされ
私の指す方を

金、硝子、玉、銀、鉄、銅、大理石
あらゆる輝く物が摑み合つて叫び合ふ
赤熱したオベリスクだ
かつと、ごちやごちやと空に棒立つ
あれがすばらしい御殿だ、体積十億立方米

総体の色が紫だ
日が降ると血がかる

総体が一つの楽器だ
絶えずうめき鳴りきしめく
柱に、天井に、床に、それぞれ楽器が埋めてある
絶えないオルケストーラ

耳をすまして御覧なされ

総体が一つの香料だ
椅子も玉座も玄関も屋根も皆にほふ
蜜蜂が数万御殿へ日毎に集まつて狂ひ死ぬ
こゝからその有様は見えますまいて
だがにほひはつたはりませうがな

ところがこのすばらしい宮殿には
たつた王様がひとりぼつちでお住まひだ
みな様御覧なされ
王様が窓から見える
黄金のパレットを手にして
画を描いて居られる

みなさま土下座をなされたい
王様がお出ましだ

王様は是から浅草へ行幸だ
泡盛を呑みに。

この詩を草野氏は、槐多のなかの傑作の一つに数えて「いかにも槐多らしい色彩と音感のボキャブラリーがひしめき合い、それは槐多が歌っているようにオーケストラ状の盛り上がりを示し乍ら、全体の構成も見事である」(『村山槐多』)と書いている。そしてこう付け加えている。「唯我独尊の王がデンとしてい、そのデンたる王が、これから浅草に泡盛を飲みに出掛けるという(略)――この最後の二行の、それこそ素ッ裸の槐多自身の告白に微笑なり、ユーモアなりを感じない、そんな臍曲りはいないだろう」と。草野氏は「このガクッとした」槐多のデフォルメの上手さといっているが、ある意味でそれは槐多の思索のダイナミズムと直結しているのではないかとわたしは思う。じつにあっけらかんとしていて、まるで槐多の詩のことばの背骨をみせられているような印象でもある。

この詩の後に+印をつけた二つの詩章がつづいている(注)。後の詩章の最後で槐多は「ばかばか、ばか/と云っても空は晴れない/私の心の空は。」と、自己の命運の不吉な影を吹き飛ばすかのような、ある種の断念の思いと受けとれそうな詩句で締めくくっている。

「宮殿指示」あるいはこの「ばかばか、ばか」の詩句を読みながら(声を出して)、わたしのなかには詩と絵画の行き来のなかの槐多について、さて――本当のところはどうなのだろうという思いと、人間・槐多への懐かしさの感情が湧いて、不思議なことに槐多が近づいてくるような気がした。

『槐多の歌へる』「解説」（講談社文芸文庫、二〇〇八年十一月）

注　もともとアルス版『槐多の歌へる』の「例言」には「詩は無題が多く×印を附しておいた」とある。底本にした弥生書房版『村山槐多全集』でも無題のまま+印に変えている。いかにも連続した詩章であるかのような印象をあたえるけれども一つの詩であるか別々なのかは判然としない。

萩原朔太郎の装幀

『月に吠える』の初版本翻刻版（「無限」編集部、一九六八年）が手元にある。歴とした初版本（一九一七年）や再版本（一九二二年）ではないので、随分前に買って書架の隅に積んだままになっていた。こんど萩原朔太郎の装幀のことを気にしてとりだしたのだが、フランス綴の小口の化粧裁ちしていない頁にペーパー・ナイフを入れて（翻刻版の『月に吠える』ではあるけれども）、とにかく、一通り当たってみることにした。その感想から話をはじめたい。

まず北原白秋の「序」で、朔太郎と室生犀星二人の詩人への（ここまで持ち上げなくともいいのではないかと思うような）熱い「讃嘆の辞」にびっくりした。朔太郎がしきりに白秋へ宛てて書いた恋慕の手紙があるけれども、その返信の手紙のような雰囲気である。そして朔太郎の「序」が続く。熱き思念というより、どこか醒めた感じがある。

「私の詩の読者にのぞむ所は」として、「詩の表面に表はれた概念や『ことがら』ではなくして、内部の核心である感情そのものに感触してもらひたいことである」と書いている。「ことがら」といっているのは、おそらく散文的な事象という意味だろうが、後年、体系的な詩論として展開する、あの『詩の原理』（第一書房、一九二八年）へと、朔太郎の小さな種蒔きが、こうしたかたちですでに始まっているのを感じさせる。

半ばほどに風俗壊乱の廉で発禁をくらい、「愛憐」「恋を恋する人」の二篇を削除した痕（一〇三―一〇八頁）がある。翻刻版には「補遺」として、この二篇が別刷りで差し込まれている。「詩集例言」が附されて、そこには詩稿と装幀と出版に至る経緯が記されている。「跋」に至って、室生犀星が朔太郎との親交について書いているが、何とこの「跋」は、朔太郎が紛失したので書き改めたものなのだという。

巻末に「挿画附言」と「目次」がついているのも工夫だと思った。最後の頁に「亜鉛凸版・コロタイプ版・同印刷・木版・手摺・機械印刷」とあって、下にそれぞれ職人名と製版所名を記し、奥附をみると発行所には「感情詩社」と「白日社出版部」とが名を連ねている。妙な気がしたが、前者は犀星と二人で出した雑誌『感情』の発行元、後者は前田夕暮が主宰していた雑誌『詩歌』の発行元の名である。朔太郎の回想（「詩壇に出た頃」）によると、前田夕暮に相談し、経費の三百円ほどは実家から用立ててもらって自費出版したということであるが、夕暮に感謝して「当時としてもあれだけの挿画を入れ、あれだけの装幀をした本が、三百円位でよく出来たものだと思ふ」と書いている。

やや立ち入った話になった。が、肝心要の挿画を「あれだけ」入れることができたといっているように、たしかに詩集というより詩画集の体裁となっている。

田中恭吉の遺作十一種と恩地孝四郎の版画三種および図案一種を入れているが、装幀者の恩地は「挿画附言」で「三者の心緒に快く交通して成つた」といい、朔太郎は「故田中恭吉氏の芸術に就いて」で、雑誌『月映《つくはえ》』を通じて恭吉を知ったと書いている。恩地の紹介によって二人は書簡往復の間柄となるが、すでに病床に臥していた恭吉は肺結核によって二十二歳（一九一五年）の生涯をとじてしまう。朔太郎は「思ふに恭吉氏の芸術は」として「『傷める生命《いのち》』そのもののやるせない絶叫であつた」と評している。

『月に吠える』は、まさに「詩画一如」の観ありといえるが、こうした「画文交響」の世界というのは、明治末から大正中期にかけて、次々に創刊された文芸・美術雑誌を舞台に、盛んにくりひろげられ、いわば時代意識の変革の風ともなったのである。と同時に、大正期は印刷や製本などの造本に関しての新しい技術革新が興り、また海外からの用紙資材の輸入が容易になって、装幀デザインなどの領域にも大きな変革がもたらされることになった。

朔太郎は、こうした時代の機運に敏感に反応し、職人名と製作所名（『月に吠える』の最後の頁）を記しているところなどは、そうした一端を示しているといっていい。

事実、朔太郎は装幀について一家言を有していた。

「書物の装幀について」（『廊下と室房』所収、一九三五年初出）は、朔太郎の装幀観を余すところなく語った一文であるが、そのなかで装幀における「根本の常識」について縷々述べている。書物は「内容の映像」としての装幀でなければならない——といって、装幀のさまざまな要素についても仔細に論じている。特に朔太郎固有の意見というほどのものはないけれども、例えばこんな言い方は、なかなかに印象的である。

「近頃のポイント活字といふ奴は、線の太さが同一で字形が四角ばつて居る為に、機械的のコミコミした感じがして、少しも芸術的のふつくりした情趣がない」と。

「旧活字の明朝五号」が次第に印刷所になくなっていることを危惧し、日本の製本術に関しても疑問を呈している。印刷術も製本術も西洋に比べて幼稚で「舶来の書物」にみるような「奥行きの深い、渋味のある色の選択」は日本では不可能だとまでいっている。

こうした朔太郎の装幀観に見合ったものということになると、さしずめ『萩原朔太郎詩集』（第一書房、一九二八年）をあげることになる。どうしてかというと、ここには朔太郎の装幀観の、一種、西洋風の堅牢さと趣味の良さを感じさせるものがあるからである。「これ年来の宿志にして我が詩集の装幀美はつひに確立せられたり」と、第一書房の長谷川巳之吉が広告文に書くほどの自信作となっている。この豪華な詩集は既刊四詩集（『月に吠える』『青猫』『蝶を夢む』『純情小曲集』）の全篇を制作年代ごとに分類し、新作を加えて綜合詩集として出されたものである。

この詩集の刊行によって、朔太郎の評価は動かし難いものとなった、といわれているように、以後、第一書房と詩論、文明批評家としての朔太郎との併走関係が始まるのである（長谷川郁夫『美酒と革嚢』河出書房新社、二〇〇六年）。

朔太郎には他に「自著の装幀について」（『日本への回帰』所収、一九三六年初出）という一文もある。そのなかで『猫町』（版画荘、一九三五年）の例をあげている。「何かこの画家のもつてる文学的郷愁が、僕のファンタジアと共通する点のあるのを感じた」として、版画家の川上澄生に装幀（装幀案・朔太郎）を頼んでいる。これまで出した本のなかで「いちばん自分の気に入つてる」ものだという。同じようにして出来上がったのが『郷愁の詩人与謝蕪村』（第一書房、一九三六年）である。

朔太郎にとって理想の書物の装幀者というのは、「真の技術家としての装幀画家」であり、かつまた「真の装幀的頭脳をもつた人」でなければならなかった。「自著の装幀について」のなかで自分の装幀した自著八冊（内五冊が第一書房の出版）のリストを挙げ、自己評価を下している。朔太郎が成功したと思ったのは、『定本青猫』と『氷島』と『虚妄の正義』（いずれも初版）であり、失敗したと思ったのは、『純情小曲集』（初版）と『絶望の逃走』（初版、再版）であったとしている。

『定本青猫』には五枚の挿絵が入っている。その挿絵というのは一八八四（明治十七）年に出た『世界名所図会』から採録したものであるが、朔太郎は序文に「画家が芸術意識で描いたものではなく、無知の職工が写真を見て、機械的に木口木版（西洋木版）に刻つたものだが、不思議に一種の新鮮な詩的情趣が縹渺してゐる」と書いている。そしてキリコの絵との共通性をも指摘していてびっくりするけれども、函には挿図六、詩六十九と英文を入れ、しかも「銅版画入詩集」と明記している。

要するに、これらの挿絵の版画は朔太郎の感覚の手触りのようなものとしての例証（言葉もまたそうであろうが）と解していい。しかも異国情調を駆り立てる版画ではあっても、その遠い先のことが気になるのではない。生活感情のつたわってゆく範囲の、ごくごく限定された時·空間が朔太郎の夢幻の世界だった。著者自装の「中等の出来」と評した『廊下と室房』の表紙には、帽子を被りきちっとネクタイをした顔写真（やや斜め向きの）を使っている。「喫茶店風の気分を匂はすやうに表装した」といっている。

こうして朔太郎の装幀についてみていくと、椅子のデザインをしたり、自宅の設計にまで関心を寄せたこの人の、ある意味で生活の芸術化といえる一面だが、「詩人の愛好する一群の映像」（伊藤整「萩原朔太郎」）に遭遇するよろこびを味わうことになる。『月に吠える』がそうであったように、とにかく、あらためて紐解いてみて感じたのは、詩が音楽性（新体詩調）から絵画性（実験的前衛詩）へと移行する時期の、いわゆる「視る」ことを暗に強調したような世界（詩画集）となっているということであった。
こうした過渡期の時代に「近代詩の抒情から現代詩の抒情という系譜を形づくった」（伊藤信吉「萩原朔太郎像への照明」）一個の詩人の生活の一隅に、それとないかたちで寄り添っているのが本を巡る思い（装幀について）でもあったといえる。

「萩原朔太郎とデザイン—非日常への回路」展図録（前橋文学館、二〇〇七年九月）

西脇順三郎の絵

現代詩の泰斗・西脇順三郎は、生涯にわたって絵を描いている。おそらくその数は二百点にちかいのではないかと思う。こんどの展覧会（注）において、初期から晩年までじつに爽やかで自由な作風の絵が展示されていて、それぞれの絵は詩人西脇順三郎と切っても切り離せない詩的世界と結びついている。その詩業の展開に照らして絵をながめるときに、よりいっそう絵の意味が奥行きをもつものとして感得されるようである。

西脇は詩と絵画を同一の精神活動としていた詩人である。詩人であって、その上で絵を描いたというのではない。「色彩と線と形象と思考との係わりにおいて、詩の世界を発見しよう」（『斜塔の迷信』）としたのだと語っている。

これはすなわちいかに西脇が詩と絵画との精神的な関係を大切にしていたかということの証拠でもある。いわゆる「文人」と呼ばれた詩人や小説家あるいは学者などの余暇的な絵画への愛着といった性格の世界ではなく、西脇の場合は、もっと特異な発想にもとづく詩と絵画の結合を意味していたのではないかとわたしは思う。

まあ、広い意味での文学と美術との親和と解していい。いまではこの種のかかわりは値が下がって、とくに現代美術の方面では蔑称にちかいあつかいすらされているのは承知だけれども、しかし、かつては絵筆をとった詩人や小説家あるいは学者たちもかなりいたのである。

思いつく名前をここに拾うと――正岡子規、夏目漱石、芥川龍之介、佐藤春夫、志賀直哉、有島武郎、長與善郎、斎藤茂吉、千家元麿、宮沢賢治、富永太郎、金子光晴、井伏鱒二、中野重治、小熊秀雄、高見順、太宰治、それに学者としては木下杢太郎、寺田寅彦、中谷宇吉郎、毛色の変わったところでは西田幾多郎、河上肇、渡辺一夫――などがいて、いずれも絵画に並々ならぬ愛着をもっていた「文人」たちである。

しかし西脇の場合は、ちょっとちがっていて、以上の「文人」たちの絵が、どちらかといえば、一種、趣味的または余技的世界の範囲にとどまっているのに反して、詩と絵画が同一次元の方法意識に裏打ちされたものとなっている。

＊

西脇は中学校を卒業して、一時、画家になることを志している。

しかし、諸般の事情によって画家の道を断念したのであるが、要約した言い方をすれば、その断念のうちに形成された絵画への思念によって、西脇は絵筆をとることになったのではないだろうか。

詩の方法の発見と密接な関連をもった西脇の絵画は、写実の窮屈さとは無縁の、どこかロマン主義的な抒情性をもちながら、その色彩においてきわめて深遠な表情を醸しだしているところに特徴がある。詩の前衛と比べると、絵のほうは一歩も二歩も後ろに引いた感じをあたえるけれども、しかし詩人の魂と照応するのはむしろ絵のほうだったのではないかとわたしは解している。

会場には一九四〇（昭和十五）年に西脇を撮った写真がある。それは西脇が採集してきた草木を襖絵に描く姿を写しており、じつに真剣な眼差しで画作しているようすをつたえている。が、よく見ると和室である。そこには造作なく絵具や絵筆が置かれ、畳の上には汚れないように新聞でも敷いているのか、あるいは和紙をかさねているのか、いずれにせよ膝を折り曲げ上半身を前屈みにした西脇が、ひょいひょいと日本画用の筆を走らせている姿である。

詩人の心中はいかに――と想像すると、そこには東洋的な気分に浸っていたという『旅人かへらず』の詩人がいることをおしえる。西脇は「私の画歴」にこう書いている。

「私が絵を長年描き続けたということは、おそらく、絵を描くことによって私の中にある絶望的な魂を慰めてくれたからであろう」と。

「絶望的な魂」というのはいささか誇張した表現だが、西脇にとっての絵の世界は実存という痛々しい反芻のなかの自己を投げ込む巨大な躯《むくろ》となってくれたのではないだろうか。西脇の絵は深刻な絵ではない。かといって、いわゆる素人芸にゆるされる逃げ腰の絵ともちがう。構図の大きな想像的世界から投影された絵といっていい。

意表を突くこの言語の魔術師としての詩人は、絵画の世界においてもしばしば剽軽な姿をみせる。自画像の《北海道の旅》（一九六〇年代）は、この詩人のイロニーの不思議さを示した作例である。また詩のなかに多くの画家や作品の名前がちりばめられている。まるで万華鏡のような印象をあたえる。色彩についても同様である。いずれもが西脇の詩想の豊かさに起因しているというほかない。

詩と絵画における一種独特の手法によった西脇のこうした親和作用というのは、超現実主義の先駆者らしい一面なのだが、後半生の画作に特に顕著となる東洋的雰囲気こそが、もしかしたら西脇順三郎の根源的な本質をもっともよく物語っているのではないかと思う。この詩人を自然人――と呼ぶ所以でもある。

『神奈川新聞』（一九九四年六月七日）＋「西脇順三郎展」図録（鹿追町民ホール、二〇〇一年八月）

注「馥郁タル火夫ヨ　生誕百年西脇順三郎」展（神奈川県立近代美術館、一九九四年五―七月）。これ以前の一九八一年秋、東京・青山の草月会館で開催された「西脇順三郎の絵画」展で油彩・水彩あわせて七〇点の作品が展示されたのを見て感動をおぼえ、また亡くなる一年前のこの詩人を見かける最後となった。静かに自作をながめ、親しい人たちににこやかな挨拶をし、確か杖を携えていたと思うが、ゆったりとした調子で会場を歩かれていたのを記憶している。

幻影の人、西脇順三郎の詩と絵画

対談
吉増剛造×酒井忠康
［聞き手］若松英輔

若松　今日、創造的な意味において、文学の枠が壊れ、芸術の枠が壊れ、哲学の枠さえも壊れてきて、分野を越境して、言葉が行き交う時代になってきたように思います。西脇順三郎という人はずいぶん前からそうした地平で自己の芸術を実践していた。絵を描き、詩を書き、もちろん研究者としてもすぐれた仕事をして、独自の言語世界を切り拓いていきました。今こそ、西脇順三郎が読まれるべき時代なのではないでしょうか。

吉増剛造さんは、詩人でありつつ、写真、映像などさまざまな芸術活動も実践されています。酒井忠康さんは、現在は世田谷美術館の館長で、当然ながら様式を問わず日本近代美術にとても造詣が深く、日本近代美術が内包する意味を語ることの基盤をつくってこられた方です。そういうお二人ですので、今までにない、西脇のお話がうかがえるのではないかと思っています。

まずは、お二人の西脇体験からお話を聞かせてください。

三田での西脇との出会い

吉増　西脇さんは、僕が三田に来たとき文学部長でいらっしゃったから、塾監局の前を歩かれている姿を見ています。僕にとって、長い時間をかけた光源みたいな大詩人で、接触してから半世紀以上たって、ようやく少し西脇さんについて語れるかなという感じがしています。

語り方を少し、口を噤むようにか、口の中に茨のようなものを含んでお話ししようとするのか、あるいは少し口笛を吹くようにしてしゃべるのか、何かしら「幻影の人」がここを通りかかるのを見ながらお話ししないといけない。その西脇順三郎さんの持っている非常に深いトーン、それを光源にして、ずいぶん深い感化というよりも、その流れの中を生きてきたような気がしています。

大震災から四年半程が経過したわけですけれども、未曾有のことを経験して思いますのは、戦後すぐの『旅人かへらず』というあの大変な詩集のこと、……。昔は、淋しくて、豊饒な西脇順三郎の中でも評価が低いほうだったのだけれど、むしろ、これこそが死者との通行路を深く深く行っていた詩集、……。淋しいというけど、あれは向こうから死者が「淋しい」といっているような、そういう深いところまで行っていたのです。おそらく戦後の、もしかすると日本だけではなくて中国や韓国や東南アジアも含めて、東洋の原風景を残してくれた詩人ではないのでしょうか。

慶應義塾大学アート・センターが二年前に『光源体としての西脇順三郎』というブックレットを編みました。井筒俊彦に行く線、瀧口修造に行く線、折口信夫との接触、あるいは若い芸術家との接触があることで豊かな西脇さんの中でこれまで見逃されていた『旅人かへらず』における最も深いところについて若松さんが書いておられる。もう本当に西脇さんは詩も書けない、絵も描けないぎりぎりのところへ行った。そのぎりぎりのところで向こうから聞こえてくる死者と交通をした。これがとても大きな光源として浮かび上がってきているという感想がわたくしにもありました。

それから、酒井さんにこれをぜひお話ししたいと思ったのは、今、「詩人の絵、画家の詩」という展覧会が巡回しています。そこで窪島誠一郎さんと対話されたときに、詩人が絵を描きたくなるということに関連して、西脇順三郎はどんどん描いて、どんどんわからないものになっていったという発言をされていました。これは初めて聞く考えでした。だいたいは、晩年に向かって非常に豊饒な西脇世界が、『豊饒の女神』じゃないけど、できていったというふうに捉えられている。けれども僕もむしろ逆方向に考えるから、絵画も含めて西脇さんがどんなふうにしてわからないところへ行ったかということもお聞きしてみたい。

酒井　いやあ、いきなり本質的な話になっちゃったな。

僕の西脇順三郎体験というと、西脇さんのお名前を最初に知ったのは一九六二年で、案外早いんです。三田の山へ上がってきたときに、西脇さんがちょうど退官する最終講義だったようで、立て看板がありまして、「ヨーロッパ現代文学の背景と日本」というタイトルだった。お名前は存じ上げていたけど、とても聞く勇気もなかったから、そのままになっていたんです。それが最初でした。

次は、僕が鎌倉の神奈川県立美術館に就職してからです。神田に森谷均さんが経営していた昭森社という詩の本屋さんがありました。小さな出版社で、ギシギシ音がする階段を上がったところにあった。その社長室に西脇さんの絵がかかっていたんです。確かローレンス・スターンだと思うんだけど、妙な絵でした。そんなことがあったのが二度目の出会いです。

三度目は、一九七二年に飯田善國さんが西脇さんとのコラボレーションで『クロマトポイエマ』を南天子画郎で発表しました。そのレセプションのときに、お話はしませんでしたけど、じかにお目にかかったんです。

岡田隆彦さんと話していたとき、岡田さんがうれしそうな顔をして「昨日、西脇さんから僕のところへ『これからおまえんとこ遊びに行くんだよ』と電話がかかってきた」と言ったんですね。それを非常に印象深く思っていて、何年か後に飯田さんにその話をしたら、橋元四郎平さんの家で会うことになった。橋元四郎平さんは後に最高裁のトップになる弁護士さんですが、飯田さんと戦友で大変仲がよくて、西脇順三郎の大ファンだったんですね。その橋元さんの家に、吉増さん、飯島耕一さん、吉岡実さん、それと加藤郁乎さんと僕と、もっと何人かいたかもしれないけど行ったんです。そのときのようすが非常によく印象に残っている。吉増さんが西脇さんとの話の相方でしたよ。それに飯島さんが途中から加わって、三者でかわるがわるに話をしていたあの光景をよく覚えています。かなり熱っぽい話をしていました。

吉増　そうかあ。俺、話、してもらえたかなあ。

酒井　岡田さんがいて、彼が話しているならわかるけど、あのときは吉増さん。だから、西脇さんはすごく気にされていたのかもしれない。

吉増　そうだったのかなあ、……。

酒井　多分。うん。

その後、亡くなる前年の一九八一年、草月美術館で西脇さんの絵画展があった。オープニングの前日だったと思うけど、そのときに飯田さんに紹介されて、初めてご挨拶をしました。

それから、神奈川近代文学館の小田切進さんが、ちょうど西脇さんの生誕百年に当たる一九九四年に西脇順三郎展を考えていると聞きました。九四年は僕がもう神奈川県立近代美術館の館長になっていたときでした。文学館の旧知の倉和男さんが、文学館は収蔵庫改築でできないから、近代美術館で西脇さんの展覧会ができないかと相談に見えたんです。さっそく西脇家に連絡をとって快諾を得て、展覧会の担当を倉さんと僕がやることになりました。

西脇順三郎展をやるにあたって、監修者をお願いしてほしいと頼みました。それで、粟津則雄さんと新倉俊一さんと飯田善國さんと三人に監修してもらいました。タイトルが単なる「西脇順三郎展―詩と絵画」ではつまらないという粟津さんの意見があって、「馥郁タル火夫ヨ」となりました。そのときに、絵画作品は二百点近くもあると判明しました。文学資料は七百点近くも展示したんですよ。文学館と美術館の展覧会のつくり方がいかに違うかということがわかりましたね。それが僕の西脇順三郎との出会いの経過です。

吉増　ほぼ酒井さんの出会い方に近いのは、やはり慶應のキャンパスで出会っているからかな。西脇さんの直系、……というより厨川文夫先生だったかのお弟子さんの安東伸介さんという英文科の教授が、日吉のかまぼこ校舎で英語を教えてくれないで、と言うと先生に怒られるけれども、西脇先生のことを熱っぽくしゃべられたのね。安東伸介先生は留学から帰っていらっしゃったばっかりだったのかな。西脇さんのことをあれだけ熱っぽくお話しになって、こっちも十八歳くらいだったから、それに感化されちゃってね。

酒井　ああ、そう。

吉増　だから、亡くなられるまで安東伸介先生に僕は懐いた。そういう関係があったのと、もう一つ不思議なのは、その後だったと思うけれども、鮎川信夫さんの『現代詩作法』に載っていた、西脇さんの『夜』という詩を暗記しようとして暗記しちゃってね。僕がそんなことをするのはじつに珍しいことなんだ。

酒井　そうなんですか。

吉増　暗記した詩というのは、いまだにそれを振り返ってみると、西脇さんが発しているというよりも、西脇さんが聞いているその遠い声をこっちも聞いていたのね。「路は遠く　杯に写る月　ジンジャの花を愛する女　の眼に　すべての追憶は消えた」って意味はわからないんだけど、その言語の接触と、そのころから既に西脇さんの詩のとってても大きな特徴であるギリシア的なものからもきている長嘯、「おぅぅー」という、少しだけほえるような、ほかの詩人にはない、ある響きを持っている西脇さんの詩に、内在する音に感化されたんだね。

意識化してこうやってお話しできるまでにやっぱり半世紀ぐらい必要だった。短歌や俳句だったら覚えようとするのもわかるけれども、詩を覚えようとした。それを促す力を西脇さんの詩が持っていた。これがとても大きいことだったのね。おそらく西脇さんが「幻影の人」を介して聞いているものが、こっちにも聞こえてきていた。それがだんだん、だんだん分析できるようになってきた。

東京外語大の川田順造さんのところで『ホメロス』を復元する試みがあって聞きに行ったら、間違いなく「おぅぅー」「ぽぽぅぅーぃ」と長嘯するような感じがギリシアの太古の詩にあるんですよ。そういうものを直感的に自分の体内に耳を備えつけるようにして入れられた西脇さん。だから、単純なヨーロッパ文化や哲学や何かを運んできたといった表面的なことよりも、もっと奥深いことのほうに最初に接触があったね。いまだにそれが続いている。いまだに西脇先生のあの声、僕は聞いているものね。

酒井　まさにしとやかと言うとおかしいけど、耳に心地よい声でしたよね。

吉増　酒井さんは余市出身だから、少し北海道の言葉かもしれないけれども、西脇さんは小千谷だからさ、越後なまりが少しずつ入っているの。
ギリシア的なのと中国的な「長嘯する」の中に「ニィ**チェ**のオ**リィ**ブの」って。外国語とは舌を伸ばす感じが違うんですよ。それはほとんど声というよりもそういう響き、とも言えないなあ、「聞いている耳の現前」みたいなものだね。そういうものが出てくる。それは最初は気がつかないいんだよ。解析するまでに半世紀かかった。とうとう時代が追いついていてということは確かに言えて、色彩感覚だって何かしびれるような色彩じゃないの。そういうものを運ぶ、あるいは「運ぶ足音を聞く能力」か。そういうものを「ほぼこれらしい」とわかるのに五十年かかっている。

理屈からすり抜ける絵

酒井　近づいてきたという意味で言えば、絵のほうもちょっと感じられるところがあるね。吉増さんが言葉の問題を自分の課題にしているのと同じように、彼の色についてのかかわりみたいなものは僕の「餅屋」だから、ビジュアルでずっと気にしている、そういう問題が西脇さんに対してはある。

西脇さんの絵は、どこか底知れないというか、何か理屈をこじつけて説明すると、すり抜けてしまうみたいな妙な絵なんですよ。うまい言葉がなかなか出てこないけれども、どれをとっても妙で、美術大学の先生から見たら、完璧に落第点がつく絵であることはまず間違いない。だけれども、最晩年まで絵を描いているという持続性はもう半端じゃない。道路で言えば、自分の創造活動の中のある種の外せない道路になっている。創造するために外せない道路になっているところに絵画表現があったような気がするんです。

僕がたまたま資料を見ていたら、若い研究者だと思うんだけど、非常に珍しいことを考えている研究者を見つけました。「西脇順三郎の色づかい」という、色彩をテーマに論じた村田美穂子さんの論文（『幻影』第二〇号、二〇〇三年五月、西脇順三郎を偲ぶ会）です。それによると、西脇順三郎の世界には百九の色があると。『*Ambarvalia*』をはじめ、いろいろな詩集の中に出てくる色にかかわることを摘出して、それを数字化してデータを出しているわけです。

もちろん西脇さんをこれから考える若い世代の研究者がこういう方法で論文を書かれるのはとても喜ばしい。どうして喜ばしいかというと、こういう人たちは、僕とか吉増さんのように、いきなり西脇さんを土俵に上げて、仕切りも何も関係なく、とにかく相撲をとっちまうという状態で論文を書いてはいないんですよ。

だから、こういう論文は、次に僕が考えるためには非常に役に立つ。効用性がある。ところが、今の吉増さんの話を、僕が今度、絵画論で利用しようとなると、これは全くできない。

吉増　なるほどね。

酒井　同じことが西脇順三郎という人にも言える。だから、詩人とか、あるいは美術批評家の方が何かの形で西脇を引用するけれど、長い引用はほとんどないと思うんです。詩は別ですが、西脇順三郎という人の書いている文章を長く引用してしまうと、引用の文脈が途中でねじれてしまう。もし西脇順三郎をかりるとすると、遠いものを連絡するとか、予期せぬ出会いみたいなことをするしかない。ある一行を引用するには最適の詩人であるけれども、長い引用をすることはものすごく難しい。

エズラ・パウンドがそれと似ているかな。これは新倉俊一さんが書いた本にあったように思ったんだけど、十九世紀は絵画よりは音楽が比較的、詩の中心に近いところにあった。だけど二十世紀に入ってからは、特に初頭、イマジスト派の詩人たちが絵画というか絵というものに対して再認識して、自分たちの詩の創作の一つのエキス、刺激剤にする。絵画的な発想に立って、例えばエズラ・パウンドは、「色彩の汗をかいているデッカイ野獣——」なんて言う。これはまさに西脇順三郎の言語感覚ですよね。

僕が長年関心をいだいてきたハーバート・リードという人も、一九一〇年代、エズラ・パウンドがロンドンで詩の活動をしていた時期にロンドンに出てきていた。リードはヨークシャーの山の奥の田舎の人でオックスブリッジの人じゃないから、ロマン派の詩の影響下にあった。ところが現代詩の視覚的な強烈な刺激を受けるわけです。イマジストはそういう傾向があるんですよね。

それと似た詩人で、僕は同郷だから吉田一穂さんのことがいつも気になっています。『芸術生活』で西脇さんはゲストを呼んで対談をしていましたが、一九七一年一月号の第一回が「二世紀遅れの日本の詩」というタイトルで、ゲストが吉田一穂なんです。第一回目に吉田一穂を呼んでいるということは、西脇さんの中にも一穂と話をしてみたいという強い衝動があったことは事実ですよね。二人のやりとりを読むと、もう一穂の独演会なの。一穂に話させているんですよ。西脇さんのほうがずっと大人で、一穂が自分のつくった独特の詩の世界についてしゃべっているのを、西脇さんは遠巻きに真綿でくるむようにしながら、壊さないようにしながら敬愛の情を示している。この関係、すごくいいのね。西脇さんのほうはうんと育ちに恵まれているし、一穂のほうは地獄みたいなところで生きてきたからそういう厳しさはあるわけだけど、あの二人の宇宙的な言語感覚というのは、ずっと上のほうで何かつながる感じがちょっとした。

吉増　そうかもしれないね。今の絵の話で言うと、吉田一穂さんは酒井さんの生まれ故郷のそばの積丹の育ちで、非常に厳しいところだよね。西脇さんは信濃川の小千谷じゃない。あそこも崖がすごいのよ。だから一穂さんが、一緒になって、「幻影の人」西脇さんの、「汝もまた岩間からしみ出た水霊にすぎない」なんて詩と、小千谷の雪が降ってくるような景色、あの風土の絵を見ていることはまず確実だな。絵そのものだけじゃなくて、詩の中の何か妖精がすーっと色を持って出てくるような。そういうふうにして僕らも西脇さんの詩を見ているなと思ったね。ただ、一穂さんと共通しているのは、やっぱり雪と水、……それと崖。これは間違いなくそうだ。『古代緑地』もそうだし、確かにどこかとっても大事なところで通底しているところはあるね。

酒井　何か神経の髄みたいなところでお互いが確信というか確認というか、皮膚感覚じゃなくて、何かあるんだね。そういうふうにして考えていくと、一穂さんは詩はもちろんその気で書いていたと思うけど、絵は全くの余技だった。だから「半眼微笑」しかないんだけどね。絵も結構上手なんです。しかし西脇さんの絵というのは、これはもうちょっと違って、大げさな言い方をすると、詩と絵画と同じ精神状況にも考えられるぐらいのレベルだったという感じを、僕は持っているのね。「色彩と線と形像と思考との関係において、詩の世界を発見しよう」(『斜塔の迷信』)と自らも語っている。

吉増　そうだね。

酒井　長い間、海上雅臣さんのところにあって、今は小千谷に寄贈されている、《耕牛のいる風景》や《代々木八幡の境内》などの屏風があります。昭和十年代、西脇さんがほとんど詩作をしないで、ひたすら絵を描いていた時代の産物で、文人画というか、南画というか、なかなかいいんです。何とも言えない。僕の場合、詩のほうの造詣があまりないので、だいたいが『旅人かへらず』へつなげてしまう感じがちょっとあるんですけどね。

吉増　酒井さんのお話をうかがいながら、色のことで二つほど。

西脇さんの『*Ambarvalia*』はこういうものだったのね。（詩集を示す）これが出たときワインレッドのものすごいものだった。この魂を一番受け継いだのは田村隆一さんだと思います。田村さんが「ぼくは早稲田の古本屋で　ワインレッドの表紙の不思議な詩集を手に入れた」「その詩集をめくっているうちにぼくの心どころか手までワインレッドの色に染ってくるのだった」。本と色のことなんだよね。酒井さんがさっきおっしゃった研究論文も色だけど、僕もとにかく陶酔するようにびっくりしたのは、「灰色のつる草の家」。そんなの夢の中でしか見たことがない。絵画ばっかりじゃなくて、そうした根源的な色の妖精が出てくるのね。特に田村さんはそういうものに最も感化された。

酒井　参るんだな。

吉増　あと、「荒地」の同人で、僕は今、吉本隆明さんを集中して読んでいるから、それにもひっかかるんですが、吉本さんが三田でやった「詩はどこまできたか」というとてもいい講演がある。『三田文学』の一九九五年秋季号、四三号に載っています。西脇さんは一九六〇年代あたりはそれほど評価が高くなかった。むしろ政治的なところからあまりよく言われていなかったけれど、吉本さんはまず最初に西脇さんをとりあげて、「日本の雑草の緑一色の貧しい風景をいかにラテン的な豪華なイメージに置き換えられるか」が、西脇順三郎の力であったと言った。

吉本さんも東京工業大学で色彩、ペンキを扱った人だから、色についてちょっと深い感覚があるんです。その人が、日本の雑草の緑一色の貧しい風景の中に西脇順三郎が色を持ち込んだと言う。僕はこれを読んだときに、ここで評価が変わったなと思うくらい感嘆した。目黒台の赤土の崩れかかった、ありふれた単調な景色がいかにも西洋風の風景に見えてくることか。西脇順三郎にかかると、東洋の貧しい風景も人も豪華なものに変貌する。特に色だよな。その非凡さ、借り物ではない表現の見事さが彼を評価するときのポイントでしょうと。ほかの芸術派の人達もここまで言わなかったのに、ここまで言ってくれた。

それはワインレッドにも言えるし、詩の中に出てくる、絵画的なイメージばかりでもない。有名なキーツの『エンディミオン』から引っ張ってきた「覆された宝石」というのも、イギリスの古い岩みたいなものがごろっと転がるような質感を持って帰ってきたんだからね。そういうものを、総体としてこちらが言語化できるまでに半世紀かかっている。

この色のことはもちろん西脇さんだって自覚的じゃないからね。むしろ向こうから来る「幻影の人」みたいなもののしぐさのすき間みたいなところを狙って、曲がった木のようなところからすっとつかまえてくるんだからね。本人だってもちろん詩論は書いているけれども、私たちにその栄養に気がつかせるまでにこれだけ時間がかかった。

二人で歩いて開く詩の空間

吉増　もう一つ、今、時代が追いついてきたということで言うと、これは僕がよく引くんだけれども、同僚だった折口さんは、西脇さんの近代文学のライフ・インデキスのような、テーマのようになったそれを見出して、「瑠璃の玉の色深さ、口に含んでみたらこうもあろうかと思うほっくりした味わい、手に載せればそこからぽーと浮かび出てくる大きな瞳の感覚、そんなものが純粋な日本語。そんなのは日本語の持たない別の表現で、これは私は久しく西脇さんに言いたかった」なんて言うんだよね。これはそばにいる折口さんらしいね、そばにいる非常にすばらしい西脇さんの持っている他界まで入っているような折口信夫の感受力がつかまえたものだね。

だけどもうお一人。ロンドンで知り合った柳田國男さんとの接触があるんだよね。戦後すぐ、『旅人かへらず』のときに西脇さんが柳田さんと会って、「西脇さん、多摩川へよしきりを聞きに行きませんか」と、柳田さんが先輩だからね、西脇さんを誘って、二人で歩いていったというんです。戦後すぐのあの貧しいときに、柳田さんと二人で歩いている西脇さんというのは、考証してみないといけないかもしれないけれども、おそらくそばにいた折口さんよりも、この歩行がじつに大事だったような感じが僕はしている。

酒井　いい話だなあ。

吉増　今日、来る前に思いがけずパッと見つけたんだけど、柳田先生について西脇さんが書いている文章があるんです。没後二十年西脇展の図録に出ているものだけど、僕は西脇さんの文体の特徴を知っているから、こんな素直に尊敬する文章を西脇さんが書くとはとびっくりした。

「私も一度おともをして散歩したことがある。その季節は忘れたが春の頃かと記憶する。先生と上野の美術館で偶然久しぶりでお会いした時、『これから多摩川へ行って、よしきりの鳴くのをきこうではないか』と例のほほえみで私をさそって下さった。……なにしろ多摩川ときては、私は心の中でこれは大変だと思った。その半日の道程は複雑であった。たしか調布まで行き、それから今日の地名では京王多摩川というところまで別の電車にのりかえた。あしの生えている古戦場の中をつっきって多摩川べりに出た。先生と私と二人きり、……お年のわりに青年のような歩きぶりであった」（「没後二十年 西脇順三郎展図録」）

そして、ロンドンで会ったということを言いながら、「もし先生のような一種天才的な一種神秘的な存在がなかったとすれば、日本人に関する原始文化研究やフォークローアや郷土学などはまだ幼稚なものであったであろう。先生のような頭のもち主と先生のような境遇がなければ、こういう学問と趣味が完成されなかったであろう。大正八年貴族院書記官長の役をやめられて、役人らしい……タバコをすいながら……」とあって、成城のお宅に伺うと、「一種異様な美しい世界に接することが出来るのが何よりのたのしみであった」と。

酒井　ああ、いい話だね。

吉増　成城のお宅に行って、成城の先の崖が、西脇さんの一番好きなところだしね。

この文章の敬意と丹精さというのは、西脇さんの文章にはちょっと珍しいものなの。これはトーンから言って、いかに柳田さんを本当に心の底から敬していたかがわかる文章。だから戦後の貧しいときに、『旅人かへらず』のときの「二人で歩いた」というのは、僕は柳田さんの影を見るな。

酒井　なるほど。

吉増　これは仄聞したので確かめなきゃいけないけども、折口さんの前に柳田さんが慶應に来る可能性があったらしいね。

酒井　ほお。おもしろいね。

吉増　うん。どうもそれはあったらしい。柳田さんもそれを少し知っていらっしゃるはずなのね。それも少し知っているから、すぐそばにいて、非常に特異な感覚で西脇さんの心をつかまえる折口さんよりも、こんなふうにして多摩川へよしきりを聞きに行って、野の草を一緒にさわっていた柳田先生と西脇さんの姿がさ、『旅人かへらず』の最も貧しい死者と話すようなとき、学問的なものよりもむしろこういうところにどうやらコアがある。そうすると、とうとう私たちの感受するものも、柳田さんと西脇さんの歩く方向に同伴するところまで来たなという感じがちらっとする。

酒井　かなり強烈な話ですね。それは『二人で歩く』というタイトルですか。

吉増　いや、枢密顧問官と一緒によしきりを聞きに行ったとある詩は『旅人かへらず』の草稿です。

酒井　『二人は歩いた』という詩はあるんですよ。

吉増　ある、ある、ある。

酒井　三田で江戸の浮世絵を講義していた渋井清さんと歩いたんですよね。渋井さんはとんでもない学者だったな。「教授になりたくない」と言って万年講師でいて、アングラがはやった六〇年代、学校が終わると、渋谷にあった先生の豪邸へ僕の同級生が車で迎えに行く。そうすると、もうはげ上がった先生なんだけど、グリーンのかつらをかぶって踊りに行くんですよ。とにかくそれが渋井清先生の楽しみで。『二人は歩いた』という西脇さんの詩はものすごくおもしろいの。僕、ちょっと抜き書きしてきました。

「二人は『九月の事件』をさがしていたのだ」。これ、三億円事件なんだよ、場所が。三億円事件のあたりを探していたんだということなんだね。まずそういう前提がある。それから、「八時頃新宿できそばをたべて目黒へもどってルヌアルの女のような骨董屋によって」、これは「江漢」と書いてあるのは司馬江漢だけど、「江漢に如何にニセが沢山あるかを茶を　のみながら話し合って二人は別れた」。こういう詩だけど、これはやっぱり柳田國男と西脇順三郎が相連れ立つ武蔵の光景の、何とも言えないロマンチックな光景と違う。ちょっとズッコケた感じ。可笑しみというのかな。

吉増　今、引かれた『二人は歩いた』は『第三の神話』にあるんだけれども、その『二人は歩いた』の二つ前の詩の『六月の朝』という詩も、「二人は樹から樹へ」云々と。誰かと一緒に歩く、会話が出てくる、そして向こうからおやじが多摩弁か何かでやる、あるいはゴットンなんて音がするというそういうあれが出てくるなあ。

酒井　詩の空間を、「二人は歩く」というような形で設営することによって開いていたんですかね。『旅人かへらず』の二八番に鎌倉の釈迦堂の坂道を歩く詩篇があって、「下から　うなぎを追って来た二人の男に　あったこんな山の上で」となっているのですが、ここでもやはり二人とあるので、詩の景色は色づくんですね。

西脇の絵、西脇の詩

酒井　『*Ambarvalia*』の表紙のワインレッドに田村隆一さんがどぎもを抜かれたというか、非常に感激して手にとったとおっしゃいましたが、西脇順三郎の色、それをもっと広げて考えれば絵画と言っていいと思う。西脇さんの中で絵画というものは、言葉の下敷きと言ったらいいのか、敷布みたいにしてその上に言葉をのせる。だから、言葉を大事にしている人ということであって、絵画がそれを支えたと言ってもいい。

例えばこういう問題があるんですよ。西脇さんは、一種水墨画みたいな絵なんだけど、油絵具で描いている。それから、山水みたいなものの考え方、要するに詩と絵画の一致で言えば、雪舟でも何でもいわゆる歴史的な名品にはみんな賛があるわけだ。ところが、西脇さんの絵に、言葉を入れたものは一枚もない。これは非常におもしろい現象だと思う。絵は絵、詩は詩というか。一点も詞書を入れていない。西脇さんは画文一致という気持ちはあっても、俗に言う日本の文人画あるいは文人的なあり方への共感ではない。そっちへ行きたいとは思っていながら西脇流の歩み方をしていたという感じを僕は持っています。

吉増　最初にお尋ねした、西脇順三郎はどんどん描いて、どんどんわからないものになっていったということを少し聞かせてください。

酒井　今、平塚市の美術館で「画家の詩、詩人の絵」という展覧会をやっています（碧南市・姫路市・足利市・函館市を巡回）。それには吉増さんも出品しているわけですけれども、西脇順三郎さんのことを考えるにはうってつけの展覧会になっています。そのときにこういう話になったんです。僕は、詩人の絵は非常に魅力を感じる。特に宮沢賢治の絵は半端じゃない。村山槐多もそう。とりわけすごいのが西脇さんで、あの麦藁帽子の自画像（《北海道の旅》）は絶品です。

ところが、画家の詩はちっともいいと思わないんですよね。画家で詩を書く人は何人かいるから今回もたくさん出しているわけですけれども、詩それ自体としてちっとも魅力を感じない。それは窪島さんも一致しています。これはどうしてなのか。

絵で燃焼しちゃっているんじゃないか。絵を描くということはそれだけかなりきつい。それはそこに物質的な介在があるからだろうというのが僕の判断なんです。これはネオ・プラトニスムの考え方なんですが、物質を扱う画家は精神的な世界へ到達できない。あるところでとまる。それはパウル・クレーの言葉の中にも出てくるんです。

だから、画家は絶対に悟れない。純粋な詩人は悟れるかもしれない。吉増さんは多分悟れると思うけど（笑）。ただ、ここで問題なのは、その悟れる詩人が憧れるのが物質性なんですよ。

吉増　そうなんだよな。

酒井　僕は、違う言葉で、「イメージは物質に嫉妬する」という言い方をするんです。
吉増　なるほどね。
酒井　どういうわけか知らないけど、そこでしくじる人もいるし、非常にうまくそこの折り合いをつけられる人もいるというふうになってきていると思うんです。
吉増　今の話を聞きながら、とっさにタゴールのことを思い出しました。タゴールは晩年、書いているうちに絵になっていくじゃない。ああいうものの場合はどうですか。
酒井　これがだんだんわからなくなる証拠なんですよ（笑）。

　西脇さんがわからなくなるという言い方は言葉として正確じゃないと思うんだけど、構図を大きくとると地図からはみ出てしまうみたいな。西脇さんの絵はどんどん構図を大きくしているんです。物理的な画面の大きさじゃなくて。やっぱりそこの問題があるんじゃないでしょうかね。物質を扱う画家は絶えず画面の大きさみたいなのにとらわれる。最近の展覧会を見ていると、どんどん絵が大きくなっているんです。でも、実際のイメージは小さいんです。
吉増　ああ、そうか。
酒井　岸田劉生の絵なんて今の画家たちの大きさからすると本当に小さいです。だけれども、絵それ自体は大きい。そこの勘違いがどうもあるような気がしているんです。西脇さんの絵の持っているおもしろさ、何か得体の知れなさとか、底知れなさというのは、概して言えば小さい絵ばっかりなんですが、大きいんだなあ。

　これなんかも《いちじくが人間を食う》という変な絵。（絵を示す）これは女の人の肖像画、横顔を描いているんだけど、何で《いちじくが人間を食う》というタイトルがついているか不思議です。結局、植物が人間の生理に非常に密接にかかわっていて、最終的に一番野蛮な生き物は植物じゃないか。

吉増　そこは一つ、大事なポイントに気がつき始めたな。西脇さんのあごを出して降ってくる雪をなめようとするような唇の動きみたいなものと、西脇さんの中にある植物みたいものには、そういう怪物性があるな。

酒井　ねえ。

吉増　ある。間違いない。

酒井　よく熱心に牧野富太郎の植物図鑑を見ていたと書いているし、実際にアトリエで、あちこちで摘んできた植物を描く対象にしておいて、決して正岡子規のような描き方じゃないんです。

吉増　そうだね。

若松　文学と他の芸術を共に実践した人物に高村光太郎がいます。彼はどこまでも自分は彫刻家だと言う。自分は彫刻を純粋にしたいから詩を書く、と言う。自分は彫刻家だから、とにかくその彫刻を純粋にするために詩を書かざるを得ないんだということなんですね。西脇さんは詩人だと思われているから、どちらかというと絵のほうが余技的に見えますが、絵を描くために詩を書いていたということだって、ある時期、十分あり得るように思われます。

酒井　けれどこれは説明するのがとても難しいけれども、例えばヴァレリーがドガのデッサンについて書いた本があります。あの中で最も感慨深いのは、「デッサンは物の見方の提案である」という言葉です。それをちょっと考えると、西脇さんは、やっぱり詩を提案するために絵画を描いていたという感じなんですよね。高村光太郎のような場合は、そういう問題意識で両方が自分の創造活動の中の車輪の役割を果たしていたという感じじゃない。西脇さんの場合は、絵を描かなくなったら詩も書けなくなる。

これはちょっと飛躍した言い方かもしれませんが、

斎藤義重という戦前戦後の現代美術、日本の新しいモダニズムの推進者の一人なんだけれども、あるときお会いしたとき、斎藤義重さんが右手に包帯を巻いていていて、もんでいるの。「先生、どうしたんですか」「けがした」と言うから、「じゃ、お仕事ができないから不便でしょう」「うん、まあ不便は不便だけど、でもね、気がついたんだよ」。つまり、「手が考えていて、頭が考えていたんじゃない――」ということに気がついたというわけです。

吉増　なるほどね。

酒井　西脇さんの絵も、ある時期に絵を描くことによって詩を書いていたとも言える。

吉増　そうだね。手というのは一つのキーワードになるな。ちょうど僕は浦上玉堂を追っかけていて、彼が書いた《手》という絵というか字の心のようなの、……を非常に感心して見ているのです。少し酔っぱらって七弦琴で音楽をかき鳴らしながら、頭は少しぼけさせておいて、手が自然に伸びていって描くらしいんだね。それこそ毛の気配、「毛気」みたいな感じで。そういう意味から言うと、西脇さんも詩が書けなくなると絵も描けなくなっちゃうんだろうね。

酒井　玉堂の場合でも楽器は放せないでしょう。

吉増　放せない。

酒井　さっき光太郎の話がでたけど、この問題はなかなか難しいと思うんだ。光太郎の場合は複雑な理由がその間に入っている。時代によって、光太郎を詩人だとみなされることもあるけれど、本人は「彫刻家なんだ」と言う。同じように西脇も時代が変われば、ということは考えられないわけでもないけど、ここは微妙なところだと思う。

「画家の詩、詩人の絵」の展覧会のときも、そのあたりをどう考えたらいいかと思ったんだけど、数か月前に世田谷文学館の菅野昭正さんと対談したんです。そのときに菅野さんに「文学者たち、詩人たちの絵は正直に言って美術的価値はどうなの?」とズバッと刺されたんです。やっぱり「西脇さんの絵」なんですよ。大詩人西脇順三郎ということで絵を見ている。渡辺一夫の絵だって、大フランス文学者渡辺一夫の描いた絵として見ている。これは難しいところだな。

吉増 それを少し僕が最初に言った西脇さんにしかないトーンのほうに戻していくと、『近代の寓話』の中の『夏』では、「人間の記号がきこえない門」とあって、「黄金の夢　が波うつ　髪の　罌粟の色　に染めた爪の　若い女がつんぼの童子の手をとって紅をつけた口を開いて」。おそらく身体障害の人にぶつかったのね。そのときにこの色彩とともに恩寵が出てきて、その子たちがしゃべっていたような音を聞いて、「アモー　アマリリス　アジューア　アベーイ　夏が来た」というふうに、その少し半端言葉が耳に入った瞬間に西脇さんの中のトーンが爆発するのね。

絵もそうだと思う。西脇さんの中に眠っているメーロスというのかトーンというのか、それのほうが大事で、歩いていると、曲がった木を見て、そこでそのすき間から幻影の声を聞いたりする。それが絵にも出てきている。

あと、ちょっとスタンドプレーだけど、僕がいつも聞いている西脇さんの声をちょっと聞いてみてくださいよ。

(音源再生)

ね、「眠ろぉぉーとして」って。もちろん「長嘯する」もあるんだけども、内部から得体の知れない声が盛り上がってくるようにして「眠ろぉぉーとして」。ギリシア的な「オー、ポポーイ、ホメーロス」と越後なまりがまじるの。

酒井 なるほど。ちょっとなまっているんだね。

吉増 この根本的な響き、とも言えないんだよな。詩の中にある「黄金の夢　が波うつ　髪の　罌粟の色に染めた爪の　若い女がつんぼの童子の手をとって紅をつけた」って、こんなふうにして世界のやわらかい幻想の道を入っちゃうんだよ。

僕はそういうふうにして、絵画と詩とに分けないで考える。この途方もない響き、とは言えないなあ。こうやって「うううー」と盛り上がってくるからさ。

酒井　西脇順三郎という人を考えると、詩はやっぱり王道を歩いているような感じがする。

吉増　だと思うよ。

酒井　だけど、絵画は王道じゃない。うまく言えないんだけど、王道を歩いていないことは事実なんですよ。そこに差があるね。やっぱり西脇順三郎さんは詩人であって、彼の絵画は王道を歩いた絵画じゃないから、その扱いは微妙だな。

吉増　周りに池田満寿夫さんとかたくさんいたじゃない。あの人たちが西脇さんに魅力を感じたのは、酒井さんはどんなふうに感じる？

酒井　やっぱり創造する困難さを知った人生の先輩であるし、それから世界人であるということが一つ大きいと思います。

吉増　なるほど。それね。

酒井　とても懐が広くて、世界人であるというか、単なる日本的な価値観だけの中じゃないということじゃないかしら。

吉増　もう一つ、そこからつなげていきたいんだけど、西脇が光源体で、今、折口や柳田や井筒さんの名前が出てきたけれども、瀧口修造へ行くルートもある。瀧口さんは一種の神格化がされていて、美術界のとっても大きな何かをつくったけれども、あそこへ流れていく光源としての西脇順三郎というのがいるんだよね。

酒井　そうだね。瀧口さんが活躍すればするほど西脇さんの幻影が逆に大きくなる。いつまでたっても瀧口さんは西脇さんの弟子だという、ここがおもしろいところだね。

吉増　その瀧口さんも最晩年に自分であゝいうこと、デカルコマニーをされるわけじゃない。その「手仕事」性ね、……。

酒井　現代美術の視点からすれば、西脇さんより、瀧口さんの美術の仕事のほうがずっとレベルが高い。だけれども、絵画と詩と二つ足したら、これはもう圧倒的に西脇順三郎が上。これはどういうことなのかなあ。

吉増　一番近かった岡田隆彦も最初は絵描きになるつもりだったのよ。どこかの美術科に入ったんだ。それで、つまらなくなって、慶應の文学部へ入ってきた。だから、あいつの中にはやっぱり絵描きと詩人の両方があるの。

酒井　うん。かもしれない。

吉増　それに僕らは引っ張られたからさ。岡田の代わりはできないけれども、その辺の機微というのは難しいところだねえ。

酒井　西脇さんは、彫刻をつくるわけじゃない。彫刻の場合だと、もっと工場みたいなことも必要だし、材料とかテクニックとか、いろいろな意味で鍛錬を必要とするので難しいんだけれども、どっちかというと彫刻に憧れていたんじゃないかな。彫刻的感覚を有していたアーティストへの共感があるような気がする。飯田さんとの出会いを見ていると、特に『クロマトポイエマ』は、彫刻家が詩人の脳髄に架けた一種の奇蹟的な橋のような感じを受けるときがありますね。

表現の狭いところに潜む魔

吉増　僕は、『光源体としての西脇順三郎』の中の、若松さんが書いた「黎明の詩学――西脇順三郎と井筒俊彦」を非常に感銘をもって読んで、僕も本当にそう思いました。ここの中心に据えられているのが『旅人かへらず』で、自らが通路になって徹底的に死者の声を奏でた詩人だと。『旅人かへらず』あるいは「幻影の人」というのは、井筒さんの詩の一番中心みたいなところに深甚な影響を与えたという。西脇さんの絵画とか、あるいは豊饒さへ行くのもあるけれども、僕はやっぱり本当の光源は『旅人かへらず』だと思うな。

酒井　なるほどね。それに似たことで言うと、絵画の問題を考えるとき、色の問題がかなり重要な要素であることは誰もが認めているところだけれども、西脇さんの風景をキャッチしていく断面は、意外と若林奮に似たところもあるの。それは「雑談の夜明け」というエッセイのこんなところを読むと、えっと思うときがあるんです。

「次のことはこの夢の状態で記述するのであるが、リンドという随筆家の如く「人間はすべからく酔ぱらわれないようなやつはだめだ」という随筆的哲学をきどっているのでもない。きどって混沌たる愚考を述べるのではなく本当に混沌たるものを念のために書いてみるだけだ。学問をやるには命が短すぎる。昔の人の格言にも人生は短く芸術は長しということがある。どこかへ行こうとして、乗換のために、郊外の停車場に立っていたのは九月の末頃であった」。ここまではわかるんです。次が全然関係ないんだね。

「プラットフォームの向うにある、黒く塗った棚のへりのヨモギの草むらの中に白いシャツをきて、水色のネックタイをした男が自転車にのって通った。その時僕は何かの角度を感じた」。アングルですね。「何かの角度を感じた」というこういう捉え方は……。

吉増　ちょっと若林的だね。

酒井　若林さんの《犬の谷》というスケッチの書き

込みに「谷の内側は犬の通路である。同時に視覚にしろ触覚にしろそこで受けるものは通過するものに関連する」とある。おもしろいことを考え、それをおもしろいままに展開する彫刻家でしたが、西脇さんも似たところがあるね。こういう感覚を持っている西脇順三郎という人は新しいなと思った。

吉増　ちょっとすごいな。

酒井　すごい。点検しながら読んでいると、あちこちにこういう言葉があるんですよ。

吉増　そうだね。

最初に、出会いのときに覚えた『夜』という詩のことを言ったけれども、これは『近代の寓話』刊行のとき、『道路』と名を変えて発展させた。「路は遠く　杯に写る月　ジンジャの花を愛する女　の眼にすべての追憶は消えた」が、「カメロットへ行く道は賑った　皆お祭りに行くのだ　ジンジャの花を愛する女のあの　眼に　すべての追憶は消えた」なんて。こっちが覚えたのに変えられちゃってさ（笑）。こういう西脇さんもいるの。テキストが固定しない。どこまでも平気で行っちゃう。この人の地名だとか、今の角度みたいなものとか、曲がった木だとか、その場の歩き方によってテキストがどんどん、どんどん生成して変わっていく。ここがいわゆる伝統的な芸術の形態と全く違うんですよ。それにどうも時代が追いついてきた、そんな感じがするね。

若松　せっかくなので、お二人に聞いてみたいと思ったのは霊性の問題です。霊性をめぐって考えていくと、岡倉天心とその弟子たちのことを無視できない。彼らは鈴木大拙の『日本的霊性』よりもずっと早く霊性の問題にふれている。天心ってそういう人ですね。天心は美の霊性ということしか考えなかった人で、弟子たちはそれをどうにかして絵画で表現しようとする。天心に「空気を描け」とずっと言われ続けて、それを表現することをみんなその時々にやっているわけです。そうすると、私たちのように言葉を扱っている人間は、絵を「読む」という作業がどうしても必要になってくる。天心の本を読むように、絵の中に言語とは違う言葉を読み込んでいくということになっていくんです。

さっきおっしゃっていた、西脇さんは絵で詩を書いたのではないかというのは、全く同感で、今、私たちは西脇順三郎が描いた絵を「読む」言語をまだ持っていないんだと思うんです。そこが変化してくると、西脇理解はどう変っていくのだろうと思うんです。

酒井　一つは、天心のようなああいう天才児は時代を先行して走るから、それが後でどういうふうな功績を残し、そこから何が芽生えてくるかがわかるまで、時間がかかるんだよね。それが芽生えてきた一人は、間違いなく村上華岳だと僕は見ているんだ。天心の生み落とした一人は、日本では村上華岳だと見ているんです。華岳の中に霊性がある形を持ったということは言える。でも実際、お弟子さんたちの中で菱田春草がもう少し長生きしていたら、春草だと思うんだな。

それと、西脇さんの詩の魅力は、吉増さんが今までちゃんと証明してくださったんで、私が何か言うのは難しいんだけど、先ほどの物質性のところでこだわると、西脇さんの詩というのは、言葉の持っている比重の違いみたいなのがあるのね。比重が違う言葉。言葉というのは一律の目方じゃなくて、その言葉の持っているそれぞれの比重みたいなものがある。その比重というのは、今、若松さんがおっしゃった天心の霊性に近いものなんです。霊的深度っていうのかな。ところが、それを学問的に説明してしまうと、詩が実験科学みたいな感じになる。

西脇さんは、絵の中でもそれを個人的にやっていたんだと思う。与えられた、公的な知られている方法、意識じゃなくやっていた。それは民藝運動に参加した河井寛次郎もそうだし、濱田庄司もそう。それはどうしてかというと、柳ですよ。柳宗悦はある意味で岡倉天心より少し形よく小さくした人だけど、彼が持っている霊力が、河井寛次郎や棟方志功や濱田庄司たちの中に種をまいて育てた結果じゃないかな。

若松　同感です。ただ、西脇さんの場合、今おっしゃった霊力という言葉が正しいとすると、霊力は、これからあらわれてくるという感じが強くするんです。というのは、井筒俊彦が「生涯ただ一人のわが師」といいつつも、西脇順三郎との関係を語ったのは最晩年です。井筒が亡くなって二十年経った今、それを受け、今、私たちはそれを語り始めている状態なんです。

時代が追いついたというよりも、極端な言い方をすると、私たちは西脇順三郎について何も知らないのではないかと言いたくなるぐらい、まだこの人物は隠れているのではないかという感じもするんです。

酒井　なるほどね。宇宙的ということかもしれないね。だから、新しい星の発見者みたいな形で西脇順三郎が遠くからやってくるんだろうな。何かそれにふさわしいよね。うんと近景に見える人物じゃなくて、火星人みたいな人だなあ。

吉増　今、そういう実験をやっているとおっしゃったようなので、思い当たるのは、『ななくさ』という短い詩で、最後は「ちらつく雪をなめようとして　舌の先をつき出して」。最初の一行は「太陽が　蜂の巣との関係を脱して」、これは鈴木孝夫さんの「蜂の言語」のことですよね。それが入っているのね。そうしていきながら、関係に入ると、その関係が動いていて、「人間はポプラの木で作ったパイプを　すって昔をおもってささやく」、こんなふうにしてその奥の幻想の中へ入っていって、「だが野原は無常にふるえ

るばかり　オギョウのナズナのタビラコの」と長嘯しておいて、少し音楽をつくって精神状態が変わっていって、「灰色の夢をふんで静かに」と言って、そして最初とは全然違って「人間はちらつく雪をなめようとして　舌の先をつき出している」。

構造がいわゆる詩の構造じゃなくて、実験的に全然違うところから入っていって、こういうところまで行く。それが決してシュルレアリスムじゃなくて、今、酒井さんが言ったように、何か違うことを考えて、何かしようとしているような痕跡がこうやって残るのね。

酒井　僕らにとってそれの最も身近な実験例は、吉増剛造そのものなんだと僕は思うんだ(笑)。僕なんかどっちかというと、それを後づけられなくはないけれども、それを創造的な形で展開しようとする形に自分自身がないから。吉増さんを見ていると、そうじゃないんだよね。西脇順三郎にじかに教え諭された吉増剛造というんじゃなくて、その間にいろんな介在物があってというか。

もっとわかりやすく言うと、いろんな詩人が実験をした例があるんだけれども、結局、吉増さんだけがやっている。その結果を見なければ将来の図が見えてこないというか、それはひょっとしたら吉増さんも気がついていないんじゃないかと思うんだよね。あの「怪物君」を見たとき、僕はそう思った。

吉増　西脇さんは、これまでは日常との関係を破るとか何とかぐらいしかわからなかったのが、その間に随時刻々裂け目を見つけて、そこで「幻影の人」を見る。そういう精神のうねりというのがわかりはじめてきたのね。我々の時代になると、さらにもっと先まで裂け目をいく。裂け目をもっと物質的な亀裂とその瞬間の立ちあらわれまでいくわけです。

それは西脇さんを光源としてシュルレアリスムの影響も受けているし、アルトーの影響も受けているし、ネルヴァルの影響も受けているし、芭蕉の影響も受けている。ますます霊性みたいなものの亀裂、裂け目みたいなものに、さわっていこうとしているね。

酒井　なるほど。今ふっと思いついたのは、彼にとっての絵画というのは、肉親とのかかわりに近い感じがちょっとするのね。絵画というものは彼の中では非常に狭い意識の中で、あったんじゃないかと思います。

吉増　なるほどね。

酒井　だから、自分の母親を語るような、ちょっと小恥ずかしいというか、そういう面があって、彼が画家になるところあたりの経緯も、本当のところはかなり複雑ですね。真っすぐ藤島武二という名前が出てくるけれども、僕は決してそうじゃないと思っていた。若いときってだいたいそうですけどね。あちこちいろいろな可能性を自分の中で手探りで探していくから、そういうことになるんだろうと思うんだけれども。

絵画は、物をつくる、あるいは創造する神経の一番基本のところにある井戸水みたいな感じがするな。もう少し狭い視野かもしれない。だから王道になれない。ところが、詩は一回世界の舞台に立っているんだよね、いきなり。そこの違いがある。

「詩と絵とどっちが好きだったの？」と聞かれたら、彼はその狭い絵の世界をとったと僕は思うんです。高村光太郎は、お父さんの光雲が作業をしている、そのそばで、ノミをとって、六つか七つぐらいのときに下手な大人よりよっぽど上手なものをこしらえた。彫刻刀の道具箱だけは戦災の家から抱えて出したわけだから、光太郎にとっても最も狭い感情の部分が彫刻にある。だから彫刻家だと言うんだね。そういう大事にしているものと、正面を拡大しているものと、そこに違いがあるような気がする。

吉増　そこは非常に微妙なお話に差しかかってきた

な。僕がこれから話す逸話がその狭いところに結びつくことができるかどうか、やってみますけどね。

西脇さん、心細い人だなあと痛感したことがあったんです。それは、飯田善國さんがセットして、女房と僕と西脇さんだけが飯田善國のところに呼ばれたことがあったの。そしたら、一晩中、先生一言も僕に口をきかないの。向こうは何か含むものがあったんでしょう。それで、困っちゃったけど、大々先輩だし、しようがない。

こういう人だなと思ってタクシーで代々木上原に帰ると、方向が一緒で、先生が降りるとき、門口までお送りしたら、暗闇の中で西脇さんが「君も慶應だったら時には遊びにいらっしゃいね」と小声でおっしゃった。そのとき、この人はまあ不思議な形で傷ついている。深ーく傷ついている心細い人なんだなあと思って、その情景に僕はむしろ感動をしたの。それは、今お話ししてみて、酒井さんの言った表現の狭さというか、小ささみたいなもの、その辺に謎の一つがあるのかなあ。そういうことがありましたね。

酒井 それはいい体験だなあ。最後にいい話が出たね。

吉増 あの門口で西脇さん、やっぱり何か一言言ってみないといけないなと思ったんだろうな。

酒井 ずっと考えていたんですよ。

吉増 うん。

酒井 自分の歩いてきた道を大事に歩いてきている詩人が少なくとも一人いるという感覚もあるんですよ。僕のお師匠さんだった土方定一でもそれはあるの。

吉増 あった?

酒井 あるの、そういう日が。同じような感じですよ。

吉増 なるほどね。もう不機嫌きわまりなくて。日曜日だったから、大河ドラマのテレビの前へ座りっきりで、こっちも見ないんだよ（笑）。瀧口修造さんだったらそんなことは絶対にしないからね。そういうことができる人というのは、やっぱり芸術家の根源的な狭さみたいなもので、それはすごいね。

酒井 天心にもあるんですよ。弟子たちは日常茶飯事のように天心にいびられていたのではないかな。ああいう魔物的な人には備わっているんじゃないですかね。

吉増 魔物だなあ。今、魔物的と言われたんで、ある種の魔の時を感じたなあ。「心細くて傷ついた」という言葉にしたけれども、やっぱり、あれは魔だな。

酒井 折口さんにもあるんでしょう。折口さんという人は、僕は一度も接触はなかったんだけど。

吉増 僕もない。折口さんは六十五ぐらいで死んでいるからね。

酒井 井筒さんはどうだったですか。

若松 折口信夫は、魔というよりも妖という感じだと井筒俊彦は書いています。井筒は、その妖から、ある距離を保った人ではある。精確にいえば井筒は、折口の妖を個人的には烈しく受容した。しかし、折口の周辺にいた人々と同様の関係になることを拒んだ。だから、折口だけでなく、西脇に対しても、いわゆる門下の弟子にはならずに、精神の血脈において師弟関係を結んだ。それが井筒俊彦の天才だったのだと思います。

本日は、長時間、本当にありがとうございました。

（二〇一五年十月二十四日）

『三田文学』（二〇一六年冬季号）

「瀧口修造　夢の漂流物」展に寄せて

詩と芸術の領土に、あらゆるものから断ち切られた一個の「省察」という名の花を植えて、その、ちょっと背徳的な佇まいに誘われ、独り欺かれた夢に挑戦状をつきつけていた人がいる。瀧口修造（一九〇三―一九七九）である。この不世出の詩人・美術評論家の、生の軌跡の一端を覗いてみようとする展覧会が開催されるはこびとなったことは、私にとってもじつに嬉しい。

しかし、答えが容易に出るとは思わないが、いま、なぜ瀧口修造なのかを問わないわけにはいかないだろう。なぜなら、この問いそのものが、畢竟、瀧口修造の実存に質すほかないものだとしても、問いの持続のうちにこだまする、この人との交感のなかに、私は多くの前衛美術家たちが、かけがえのない時の記憶を共有し、彼の言葉を聞く悦びに浸った——という事実は消えないであろうと思うからである。

会場にはいって、最初に目にする瀧口の書斎の写真に驚かされるのは、私だけではないはずだ。引き伸ばされたパネルの写真の方は、生前の夫妻が静かな物腰で夜のひとときを過ごしている光景である。晩年の瀧口のようすをうかがわせる一枚といっていい。一九七五年、親交のあった写真家大辻清司が撮ったものである。一方、瀧口亡き後、その家が引き払われると決まって、「このオブジェたちはあの書斎にあってこそ命がある。あの配置こそが相応しい住み家なのだ」（「なつかしい書斎」）と惜しんだ大辻が、綾子夫人に請うて、一九八〇年、主のいない書斎の隅々までを祈るように撮った写真が並んでいる。物音ひとつしない、深閑とした書斎だけれども、しかし、いったい、これは何をものがたっているのだろうか、そんな思いにも私は駆られる。作品（「もの」）が本来あった場と異なる環境のなかでみる一種のとまどいを誘発するからでもあろう。美術館というニュートラルな場に展示されることによって、再構成された作品（「もの」）は、はじめからその関係性が剥奪されている。ならば、というので、作品（「もの」）があったもとの場＝書斎を想像してほしいという、これはもくろみでもあるわけだが、書斎を実見したことのない私のような者にとっては（記憶のなかに再現できない以上）、こうして写真から判断するほかに方法はない。ある意味でちょっとものたりないけれども（一般の鑑賞者と同様に）、しかし、そうではあっても瀧口修造の書斎は、はなはだ魅力的な世界だと映ると同時に、この人の「省察」の眼が光っていて、どこか凜とした気分を醸し出している。

*

夢をみるのに不都合な条件ばかりが、日に日に増大している私たちの暮らしのなかで、静かに、しかも揺るぎない意志の夢想が、書斎の隅々まで浸透していて、無言のうちに「夢みる権利」（ガストン・バシュラールの言葉）を主張しているかのような印象すら受ける。七百点におよぶ展示品の渾然とした様相から、よくもあれだけの作品（「もの」）が詰まっていたものだと思う。けれども（そのことはともかく）、世の既存の枠組みから導き出される言葉の形容を、そのまま鵜呑みにすることを阻む、貝のように硬質な一面と、限りない増殖のうちに熱気を帯びて凝固するものとの、奇妙な、としかいいようのない、不思議な調合を私はそこにかいまみる。

彼の言葉を聞くことによって、瀧口修造とともにあることの歓びをわかちあうことになった美術家たちとの、どことなしに暗示的で、しかも意をつくした個人的なかかわりのなかでの、さまざまな痕跡をみる思いがするからである。親交の契機が、そして過程がもたらした作品（「もの」）でもあるのだろうが、何かすべて瀧口修造という人の微妙な手の感触をつたえる性質をもっている。

絵や彫刻、メモを付したワイン、リキュールなどの壜やタバコの箱、あるいは貝殻もあれば変哲もない小石もあるというように、一見、雑多である。絵手紙や手作り本のオブジェなどいずれも手の込んだ仕事となっていて、半端ではなく、ある秩序の感覚すら見受けられる。瀧口自身は「物の遍歴。物への遍歴」と称して、次のように書いている。

「ある物たちは絶えず私に問いかける。いや私に謎をかけるのである。／私はかれらを鎮めるために、言葉を考えてやらねばならない。それがいまかれらに支払ってやれる私のせい一杯のものだ。／奇妙な話だが、いつの頃からか、私に「オブジェの店」を出すという観念が発酵し、それがばかにならない固執であることに気づきはじめた。いうまでもなく私は企業家や商人とはまったく異なったシステムで、それを考えていたのだ」と。

そしてこれは「流通価値のないものを、ある内的要請だけによって流通させるという不逞な考え」に拠っているのだ、という（「物々控」）。

この架空の店の命名と看板の文字を、瀧口はマルセル・デュシャンに依頼しているが、その経緯は一九五八年渡欧の際に（ヴェネツィア・ビエンナーレ展の仕事と、パリでアンドレ・ブルトンを訪問したことで知られている）、スペインでダリを訪ね、そこでデュシャン夫妻を紹介されたのが縁である。デュシャンは快く応じ、若い頃に女性名として使っていた偽名「ローズ・セラヴィ」のサインを瀧口に贈り、それを銅版に起こした看板を瀧口は書斎の壁にかけていた。

「私の部屋にあるものは蒐集品ではない」といっているように、瀧口の「オブジェの店」は、「その連想が私独自のもので結ばれている記念品の貼りまぜである」(「白紙の周辺」)といっているように、実在した店ではない。いつの頃から、こうした夢想の店を孤独な歓びとするようになったのか、私は知らない

瀧口の「自筆年譜」の一九五九年には、「ジャーナリスティックな評論を書くことに障害を覚えはじめ、今さらのようにみずから足を踏みこんだ世界の抜き難いことを知る」とある。翌六〇年には、「年のはじめにふと買ったスケッチブックに万年筆で文字でない線描を走らせる。意識すると否とにかかわらず、デッサンの動機を文章の動機と微かながらも接するところに見出そうとしていたことは否めない。十月すすめられて最初の個展「私の画帖から」を南天子画郎で催す。会場を多くの他人の眼がよぎった」とあって、瀧口のなかのシュルレアリストとしての思索の運動が、「書くこと」と「描くこと」の、一種、錬金術的結合をみるのである。

実作のこころみは、「詩的実験」として随分前に行われていたが、ただの自動記述に似た棒線のデッサンからはじまっている。ペンとインクを媒介の相手に撰んでいるあたりは、おそらく、瀧口の鉱物的感覚への趣向だと思うけれども、やがて水彩絵の具を使い、そうしてロトデッサン、デカルコマニー、バーント・ドローイングなどさまざまな手法への展開となってあらわれる。その過程の具体例を先年開催された「瀧口修造の造形的実験」展(富山県立近代美術館・渋谷区立松濤美術館、二〇〇一年)で展示するところとなったが、要するに瀧口

にとっては、余技のそれではなく、あくまでも自分が一人のシュルレアリストとしてあることの自己証明であったと解していいのではないかと私は思う。

＊

この展覧会は、独自の前衛精神を標榜しつつ多方面の仕事に携わった瀧口修造の、その創造的磁場の検証を意図して、それぞれ異なった視点からの論考を諸氏がカタログに収録している。したがって、ここでは序論ということで許していただく。が、しかし（私の関心の範囲で）、いま、なぜ瀧口修造なのか――に答えなくてはならない。

私事に属する一面で、こうした場に持ち出しにくい話だが、じつは昨年の秋から今年の春にかけて、美術界の演出者であって、しかも個々的にはそれぞれ美の思索者でもあったといえる三人の事績をふりかえってみる展覧会に関与した。開催順にいえば「土方定一の仕事」展・「矢代幸雄＝資料展」・「岡倉天心展」である。

美術史家であり、詩人・評論家であり、また思想家といってもいいようなこの三人が、それぞれの時代に狙った課題はもちろん異なっている。近代化の明治期にあって、欧米に対抗するアジア観を背景に、日本の美術の行方を占った岡倉天心、『サンドロ・ボッティチェルリ』で世界に知られ、その後、美術研究所および大和文華館の開設を通じて、日本美術の「特質」を探った矢代幸雄、文学から美術に転じ、戦後は近代美術館（鎌倉）の活動を介して、西洋および日本近代美術の紹介者となった土方定一――この三人には（瀧口修造と比した場合には）、極端ないいかたをすれば、ある種の「使命」に生きたといえるような、ちょっとこわばったイメージがある。それは美術界の制度や仕組みの改革者的一面と解していいと思うが、仕事の仕方も歴史的な見方を根底にしているという点で必ずしも前衛的ではない。

歴史的な見方というのは、継承の意識のなかに育まれる伝統に繋がる。しかし、その伝統を継承するには、たえず否定的・批判的な視点の導入をくわえる必要がある。創造的な見晴らしを要請されるからだが、別のいいかたをすれば、時代を展望する予見というのは、しばしば指導者の声となる。その意味では時代の思想となるけれども、瀧口修造をこうした系譜に照らしてみることは、それ自体相応しくないことかもしれない。

しかし、彼の生涯の仕事の総体が、同時代美術の世界できわめて影響力のあったことを閲《けみ》するならば、それはやはり歴史的検証に値する。瀧口は構造化された時代の思想の行き詰まりを、いかに自覚的に打破するかを「省察」していた一人であったといっていいし、また、ある時期からは徹底した孤独な遍在者として生きることを自己に強いた人である。しかし、一個の普遍的精神の持ち主ではあっても、けっして構えの大きな人ではない。

指導者の声は体系や道筋を気にする。美術史家がしばしば過去の言葉で美術を語るのは、そのせいではないかと私は訝るが（それはともかく）、歴史的な見方の硬直をそこに感じるからである。そこではある種の達成感といったものが「使命」となるのだろうが、個の自由という原点に立って、そこから一切がはじまる瀧口の場合は、同じ達成感であってもそれは「使命」からではない。つまり瀧口は体系の思想に与するのではなく、徹底した個の思想に生きたのだといっていい。

断章的思考というのは自由の証なのだ、と語ったのは、ルーマニア生まれの哲学者E・M・シオランだが、瀧口の詩人的体質の仕事（あるいは美術評論）にも、どこかそうした断章的思考を感じさせるところがある。要するに「理論の人ではなかった」（巖谷國士「リバティ・パスポート1」）けれども、自らの「省察」の道から遠ざかるものを防ぐために、世間と一定の距離を置いたのだと思う。

だから日常の、自分の手前にあるもの（「夢の漂流物」）を介在に、無言の対話を愉しむことになったのだろう。七十五歳の生涯であったが、特に波乱に富んでいたというほどの人ではないけれども、けっして平坦な生涯ではなかった。

いま、振り返るこの人の魅力が、はたしてどこにあるのかということになるが、結局、私に思い浮かぶのは、武満徹が、随分前に書いた一文（「瀧口修造展に寄せて」）の最後の箇所にあるような気がするのである。「深夜、瀧口修造の机上に、ペリカンインクの航路を辿って、限り無い夢の胚子が密輸されたのだった」と。

私が背徳的な佇まい——と称したのは、ここのところに引っかかっていたからである。一九四一年特高に検挙され、八か月間拘留されて起訴猶予処分のまま釈放されたという「シュルレアリスム事件」のことにしても、一九六五年に赤瀬川原平の「千円札事件」の特別弁護人として法廷に立った瀧口と無関係ではない。また一九二三年には「文学を放棄したつもり」で北海道に渡って、小樽の姉のところに身を寄せ、その姉と文具店兼手芸材料店をひらく計画を進めたり、北見の農場に職をみつけたりしているのは、単なる思いつきの行動ではない。資料的根拠を欠く言い方は避けたいが（瀧口は戦災で資料の多くを失っている）、この時代の小樽（きわめて政治的な季節でもあった）に滞在していたということは、有形無形、若い詩人の魂に触れる人生の感覚を、鋭く研ぎ澄ますことになったはずだ、と私は想像している。詩人の経験が多くの人々の共感を呼び起こすところに、詩人が必要とされる理由がある——といったのはマヤコフスキーだったと思うが、瀧口にはまだ自らの社会のかたちを測る心の用意ができていなかったことも事実で、結果的には姉の説得にしたがって、慶應義塾大学文学部に再入学して、英国から帰国したばかりの西脇順三郎の指導を卒業までの五年間受けることになる。だが、こうした経緯を振り返ってみると、いくつか瀧口の知られざる一面に触れることにもなる。二十代前半の瀧口のなかに去来したさまざまな課題は、いうならば「夢の胚子」となって漂泊した感じだからである。すべて瀧口の「個」の思想が辿る、これは過酷な試練と映るけれども、真のシュルレアリストが深夜に書斎でみる夢に、ドス黒い影が落ちていなかったという証拠はない。どこか思考の無重力を感じさせるところもあって、その小宇宙はウイットにとんだ表情を漂わせている。しかし、これは私の関心の範囲にはいる話なのだが、瀧口のいささかアナーキスティックな資質が辿る宿命の糸のようなものが、雪の小樽の景色に溶けて行くのを想像するのである。あまりに恣意に過ぎるといわれそうであるが、「ローズ・セラヴィ」と命名された「オブジェの店」も、姉とはじめようと計画した文具店兼手芸材料店へと、遠く繋がっているように私には思えるのである。

いささかこの稀有の詩人・美術評論家の事跡を矮小化してしまった感があるのを許していただきたい。

「瀧口修造 夢の漂流物」展図録(世田谷美術館他、二〇〇五年二月)

文具店の瀧口修造

久しぶりの小樽であった。わたしは開催中の「詩人と美術 瀧口修造のシュルレアリスム展」(市立小樽美術館・市立小樽文学館、二〇一三年五月)を見て、何ともいえない感動をおぼえてもどってきた。

いつもなら文学館の常設展示室で小林多喜二や伊藤整などの資料をのぞき、また美術館の一原有徳記念ホールに再現されたアトリエで時間をつぶすのだが、こんどばかりは目いっぱいこの詩人であり美術評論家として活躍した瀧口修造の仕事をながめて過ごすことになった。

*

瀧口修造といっても、一般には知るところのすくない人であるが、日本の現代美術の展開を語る上では欠くことのできない歴史的な存在だ。一九二〇年代にフランスから波及した新しい芸術思潮のシュルレアリスム(超現実主義)に衝撃を受け、その影響下で大胆な詩作の実験を試み、また詩論や芸術論を執筆したことで知られている。なかでも軍部=ファシズムの統制が迫るなかで書かれた『近代芸術』(三笠書房、一九三八年)は、新しい芸術思潮にめざめた人たちの一種バイブルともなった。戦後は美術評論の現場を介して、前衛美術家たちのかけがえのない先導者として活躍し、その一貫した在野精神は、終生、ゆらぐことがなかった。

しかし本展でも興味深く紹介されている瀧口の一九五八年のヨーロッパ旅行を契機に、彼の仕事は大きな転換を迎えることになる。瀧口に内在していた詩人的資質が創造者へと彼を駆り立て、それが生き方の上にも変化をもたらすことになるからである。

流通的な仕事に疑念を抱いて「ジャーナリスティックな評論を書くこと」を止《よ》してしまうのである。以後はもっぱらペンとインクと水彩絵の具をつかってデッサンやシュルレアリスムの手法で自作に没頭している。マルセル・デュシャンとの文通から『語録』(一九六八年)を刊行し、ジョアン・ミロとの詩画集『手づくり諺《ことわざ》』(一九七〇年)の共作などがあるけれども、まったく随意の日々を送ったといっていい。

＊

いずれにせよ現代日本の美術評論家のなかでは格別な一人と見なされているけれども、この瀧口に対するイメージが、このところ少々変わってきた感がある。こんどの展覧会でもそれは如実だが、創造者の秘密に第三者が親しみをもって近づくことのできるという喜びを体験することになるからではないだろうか。

瀧口を介して感知する共感の喜びと言い換えてもいいが、造形の実験や思索の運動がみちびいてきた前衛精神の魅力というよりは、それはもっと根底的なものである。ごく自然なかたちで第三者は彼(詩人)との対話を愉《たの》しいものとしているのである。瀧口自身も少年のようにみずみずしい詩的感性の世界へと、大きな弧を描いて還《かえ》っていったが、それは既存の価値や権威とは一切かかわりをもたないという思想に発動していったのである。

こういう思想が瀧口のなかに養われるにあたっては、小樽での日々が、何らかのきっかけになったのではないかと、わたしは以前から想像していたけれども、今回、その感をあらためてつよくしたと言っておきたい。

＊

関東大震災後の一九二三年暮れに、二十歳の瀧口が慶応義塾大学を辞し、小樽の姉のところへ一年半ほど身を寄せている。その姉とは文具店（兼手芸材料店）をひらく計画を進めたり、農場に職場をもとめたりしているが、結果的には大学に再入学して英文学の泰斗西脇順三郎の薫陶を受けることになる。一九二七年にもひと夏を小樽に過ごし、翻訳や詩作に費やしていることもこんど判明したが、何と言っても展示の圧巻は、姉とのかかわりで想像された文具店「島屋」の再現であったと言っていい。

ある意味で、きわめて政治的な季節の小樽であった。そこに亡命者気取りの一人の青年が、明日を夢見て過ごした日々を、その文具店は想像させた。仮設の窓から見える展示物を点検しているうちに、ロシアの詩人マヤコフスキーの「詩人が必要とされる理由は、詩人の経験が多くの人々の共感を呼び起こすところにある」とあったのを思い浮かべた。共感する人は誰であっても、瀧口修造とともに一個の感想をもちかえれば、それでいいのである。

『北海道新聞』（二〇一三年六月十四日）

中島敦と土方久功

これは「パラオ――ふたつの人生」と題したように、文学者・中島敦（一九〇九―一九四二）と彫刻家・土方久功《ひさかつ》（一九〇〇―一九七七）との出会いをテーマにした展覧会です。

文学と美術とが、それぞれ自立の道をつき進んできた現代にあって、こうしたテーマは見方や考え方において、いささか古風な要求と受け取られるかもしれませんが、文学から美術へ、また美術から文学へというこの行き来のなかに、じつは文学を愉しみ、美術を愉しむことの、ごく普通の意味での鑑賞の道がひらかれるのだとすると、相互の関係が面白ければ面白いほど、鑑賞する側としてはありがたく、興味もつきないといえるのではないか。

この展覧会はまず出会いの対象を語ることによって「場」（ミクロネシア諸島のパラオ）を定め、それぞれが自己を語ることによって「時」（太平洋戦争直前の一九四一年）を確認するところから準備を始めた。ミクロネシア諸島の風土が醸す「場」を確認することによって、地球規模の構想へとむすびつき（ある意味で普遍的な視点の獲得によって）、これまで日本では類例のないような、スケールの大きな想像力の喚起を促し、そして二人が自己を語ることによって、それを個別的なものへと展開する過程をみることになるからです。

ここで確かめておきますが、二人の出会いは一九四一年八月、ミクロネシア諸島のパラオでした。ドイツ領であったミクロネシアは、ベルサイユ条約によって、日本の委任統治領となっており、日本はパラオのコロールに南洋庁を置き、南洋政策を進めていました。土方はすでに一九二九年、パラオへ渡っていて、自らの制作のかたわら現地の子供たちに彫刻を教え、あるいは神話の採取や民俗の調査に日々をかさねていました。一方、中島は横浜高等女学校を退職し、パラオ南洋庁内務部地方課に国語編修書記として諸島に渡りました。二人がパラオで邂逅するまでの足どりも諸島生活を経たあとの行き方も異なりますが、妙に二人は気脈通じ合うところがあったようです。

ところが、中島は慣れぬ諸島生活のうち一年に満たないで風土病に冒されて、来島の翌年には帰国し、三十三歳の若さで亡くなってしまいます。土方は中島と同船して帰国し、中島の病床を見舞いつつも再び南方に渡っていきます。行き先はボルネオでしたが、体調を崩して一九四四年に帰国。その後、読売アンデパンダン展や日本アンデパンダン展などに出品したり、数々の個展を開催し、また数多くの著作を刊行したりして、七十六歳にいたるまで多岐におよぶ独創的な創作に生きました。

二人にとっては短い出会いでしたが、まことに不思議な出会いといっていい。

土方は東京美術学校で彫刻を学びましたが、ゴーギャンの『ノア・ノア』に感激し、またピカソのアフリカ彫刻への共感にも刺激され、加えて窮屈な日本の彫刻界に嫌気のさした頃でもあったので、南洋原住民のなかに入って行ったのだ——といわれています。

後年、この南洋行のことから〝日本のゴーギャン〟と呼ばれたように、原住民のなかでの暮らしを材として朴訥で直截な表現を根本にした、たくさんの彫刻や絵画を制作しています。詩作にも励んでいます。パラオでは言語や風習など民俗学的な関心をもちつつ先駆的な調査・研究を行い、貴重な成果（業績）を残しています。中島のほうは東京帝国大学国文科に学び、大学院では森鷗外を研究。不況時代のなかで宿痾の喘息をかかえ、転地療養を目的に友人の斡旋でパラオに着任したのです。しかし、残念ながら南洋行が命を縮めることになりました。

中島は漢籍に造詣が深く、詩や、小説にもその素養が深く浸透しています。死の年の『文學界』に掲載された「山月記」の緊密な構成と簡勁な文体に特徴が表れていますし、遺作となった「李陵」もそうです。夭折は惜しまれますが、凝縮された人生の投影とも考えられる鋭い神経が中島の作品には宿っている、と評価されています。

一九四一年夏に出会い、翌四二年の中島の死去をもって二人の交友は終わります。同時代を生きた二人は、それぞれ固有の方法で自己を養い、創作に心血を注ぎますが、時代や社会とも不可分な関係のなかでそれは実証されます。

しかし、「パラオ――ふたつの人生」という仮想の時・空間を設定することによって（展覧会ということですが）、ある種の「ユートピア的な幻影」と「異端の香り」をつよく感じさせることになったのではないかと思います。そしてそれは現在の私たちの暮らしの現実にはたしてどういう響き方をするのか、そんな問いを発しているのです。

土方の絵画、彫刻（そして木彫レリーフ）、ないし知られざる多くの資料、中島の著作のさまざまをはじめとして、その周辺資料、また映像などを紹介しています。時宜に適う企画であるかどうかは鑑賞者の判断に委ねるほかないが、人間の生命の力と精神のありようを深く掘り下げた二人の足跡は、いまなおその輝きを放っている、ということは強調していいのではないかと思います。

附記　副題に「鬼才・中島敦と日本のゴーギャン・土方久功」と謳い、しかも文学者と美術家のふたりをパラオという「場」に結びつけたことで、そこにあらたな時･空間が生まれて、じつに興味深い展覧会となった。パラオ共和国駐日大使がレセプションに出席して、ユーモアあふれるゼスチュアで観光地＝パラオを印象づけていたのを思い出すけれども、こうした向日的な一面だけではなく、この展覧会には、その前に世田谷パブリックシアターで開催されて好評を博した『敦　山月記・名人伝』（構成／演出・野村萬斎）の余韻を引くものがあった。一方、中島敦文学の再評価の気運がたかまってきていた時期ともかさなっていた。丸谷才一氏の何か時評的な文章で、その再評価の道を示したものとして菅野昭正『小説の現在』や三浦雅士『出生の秘密』などを挙げていたのを記憶している。

「パラオ―ふたつの人生　鬼才・中島敦と日本のゴーギャン・土方久功展」図録（世田谷美術館、二〇〇七年十一月）

喪失と回生と――保田與重郎

美術の方面から眺めて、いちどは時間をかけてゆっくりつきあってみなければいけないな、とおもわれる思想家や文学者がいる。日本の近代美術にかぎっても、たとえば岡倉天心がそうであるし、柳宗悦や保田與重郎など、幾人かの、それもいささか危険な思想をうちにはらんだ、なかなか手強い相手がいる。

天心や柳については、かならずしも十分ではないが、わたしはこれまでいくつか文章を書いてきた。出会いの画家なり作品なりを、それぞれの時代の思想的背景のなかでとらえようとする試みが、おのずと彼らを呼び出したといっていい。しかし、保田與重郎の場合には、わたしはけっしてよい読者ではなかったし、どこか隠者めいた印象をもつようになっていたので、どちらかといえば敬して遠ざけていたかっこうである。

書名に引かれて『日本の橋』（芝書店、一九三六年）を古本屋で求め、また『藝術新潮』がいまのような版型になる前後の、同誌に発表されたいくつかの日本美術論を読んだくらいで、嫋やかで比較的調子の高い文体だな、と感じていたていどである。こんど『保田與重郎全集』（講談社）の「日本の美術史」（第三十一巻）に、その多くが収録されているので、一読してみた。保田與重郎の美術に関する文章の教える美意識の内容が、どのようなものであるのか概略見当はついたような気がする。

もとより、全体について論じうる見通しをもたないけれども、しかし、鐵齋を論じた箇所で「尋常の近代藝術論の標準に合ない」というのはわかっても「鐵齋は神々を信じて疑はなかつた、しかもそれは一人の絶對神ではなく、わが國の神々という神々を信ずることのあつい人であつた」というあたりになると、わたしのような世代のものは一種の戸惑いをおぼえる。

いわゆる経験的な明察の有無を世代のせいにするからではない。日本の「近代」を肯定的にとらえようが、また否定的にとらえようと、時代の変貌の、その内在的な理由を問うという意味で、いまなお「近代」は、わたしのような世代のものにとっても生きた時間のうちにあるので、「神々——」といわれても(おそらく大いなる自然の謂でもあろうが)、ピンとこないところがある。保田與重郎の「耽美的なパトリオティズム」(橋川文三)にもとづいて展開されている、原初の「風景」を「恩恵」ととる——そうした理解の地平が拓かれていないせいかもしれない。

天心のなかにも、また柳のなかにも、こうした傾向はかなり見え隠れしながらあったものであるが、保田與重郎の方がより先鋭的である。「近代批判や伝統論は、文化の喪失の上に立っていた点に、その特質の一つがあった」(磯田光一)といわれることに対して、とくに異議はないけれども、根源的なものとしての「美」のかたちが、滅亡の運命のなかで、より「高貴」な姿をあらわすというのは、しかし、何故だろう。

とっさに応える術を知らないが、大雑把《おおざっぱ》ないいかたをすれば、日本の「近代」における精神史が、その出発において、すでに内包していたはずの問題を、未解決のまま放置してきたツケのひとつが、まさにこの点にあったということである。

「美の世界」と「美の傳統」は、短い文章であるが、保田與重郎の美意識の内容を要約していて、すこぶる断定的である。現代美術のひとつの地層をなしているアブストラクトの芸術に対して、批評の衝動をうけない――とも書いているが、他方で、いわゆるプリミティーヴ・アートを「原始造型」ないし「民族造型」と規定した上で、埴輪の存在に関して、「戰爭中に回生した民族的な美觀の現れ――」とも書いている。これはたしかに「悠久な美」を示す一例証といえるが、あまりに直観的で「回生」の内容は見えにくい。「美」の使徒が、きわめて高次の段階でとらえた「民族造型」の、その大いなる沃土を感知させるけれども、失われた「風景」に立ったものの寂寥の想いにあまりにも縛られているような気がする。

「回生」すなわち「民族的な美觀の現れ――」となるのではなく、回生されるからこそ、ある意味で、窮屈に囲われた「民族的」と称する世界から解放されるのである。美術とはまた、かぎりなく回生することによって、新しい生命を獲得する世界だからである。

鋭利な眼でとらえる保田與重郎の美意識が、どこか陶酔の色合いをおびて光っているのは、棟方志功について言及しているところである。「心が靈の充滿した宇宙」と称している。「炫火頌」は保田與重郎の短歌を「板画」にしたもので、棟方は「思う存分遊びたわむれ、天上に遊ぶ思いで作った」と語っている。

『保田與重郎全集』別巻二「月報」(講談社、一九八九年五月)

吉田一穂の書と絵のこと

譬《たと》える人物が相応しいのかどうか知らない。

随分前のことですが、詩人、吉田一穂の書（字）や絵（スケッチ）のいくつかをみて、わたしは北大路魯山人のことを考えたことがあります。と言っても勝手な連想ですが、魯山人は人に頼まれて箱書するときには、その中身がなければ書けない——と言ったというのです（『魯山人書論』平野雅章編、中公文庫）。

あたりまえ過ぎる話です。単に箱書だけで済まそうとするのであれば、たしかに中身はいらない。しかし、これは中身と箱書とを一体とする神経の連鎖において必要なのだということなのです。ですから外も内もすべてにおいて統合されていないものは駄目なのだという考えです。

わたしの直感ですけれども、一穂の書や絵も、この神経の連鎖において生まれたもの、つまり、中味（詩精神）に合体したものであって、それ以外のなにものではない、そうみえたのです。じつに癖のつよい書体ですし、また人を食ったような絵ですが、どこか高貴でしかも至純なところをもっているという点で印象的でした。作品はすべて、それ自体ひとつの宇宙なのだ、という思想を生涯貫き通した詩人のものだという感じがありありとしていて、一種、清々しい気分を発散しているものでもありました。

一穂の書や絵を数みたわけではないですから、わたしの印象は狭いものですが、しかし、一穂を魯山人の隣においてもけっしておかしくはない、そんな気がしたのです。まあ、偏屈というか愚直というか、どことなしに天才風のところのあった二人です。表現の領域も生き方や考え方にも、大いに異とするところがありますけれども、世の支配的な言説に唯々諾々とせず、自説を貫き通したという点で共通し、稀代の異端児であるということに関しても、これまたどなたも否定されないだろうと思います。

いずれにせよ、わたしに求められた「一穂詩の絵画的特質」という課題に、どういう狙いをつけて応ずるべきかを思案し、ふと、思いついて魯山人の名をあげたのです。

しかし、考えてみれば、一穂詩の美的世界に関する考察というくらいに受けとっても、これはもうわたしの能力の及ぶところではない。大変に難しい注文です。詩の言葉（言語）に可能なかぎりの彫琢を加えて、もはや一穂以外の誰のものでもないというような独自傑出した世界をつくりあげているのですから――。

＊

『古代緑地』（『定本吉田一穂全集Ⅱ』小澤書店）で、一穂は「私が日本詩史の上で、セザンヌの位置を要求したら不当だらうか！　キュビスムを意識的に詩の表現に操作した私は最初の幾何学派だ――」（「メフィスト考」）と宣言しています。

絵画的というよりは、どちらかと言えば彫刻的な一穂の詩です。抒情に流れたりするのを極端に嫌った一穂ですから「幾何学派」というような言い方をしているのですが、一九一〇年のイマジスト派の詩人たちに共通するような乾いた印象をあたえるところがあります。エズラ・パウンドやT・E・ヒュームなどの詩論において、この問題を敷衍させることもできますが、とにかく、吉田一穂という人は、理知のコンパスをもち三角定規を回して詩の草稿を練った詩人です。自我の宇宙を構築した詩人と言ってもいいでしょう。その弁証法的思索は、むしろ、科学者のそれのような性格を有しています。自然の法あるいはその原理に着陸するからです。ですから詩（思惟のすがた）も宇宙的です。

しかし、芸術の創造とは、この幾何学的な空間を想像の火の海としなければならないときがあるのです。同じ『古代緑地』のなかの「メフィスト考」Ⅳで、一穂は、こう書いています。

「芸術とは魔である。その魔とは何であらう？　人間の底には不明なものがある。それは孤独といふ寂寥——無限に接する。人がノスタルヂアとしてふるさとを求めるのは親縁的な灯であるが、両親や生国ではない。生命は不安定な、つねに動揺してゐる液体的な状態にあつて、何か結晶してゆくもの、固定しようとする定着性によつて、形態化される機縁を求めてゐるのである」と。

この内部の混沌が要求するところの、こうした発想に臨むときに、おそらく一穂の書や絵によくみかける「半眼微笑」の意味が、クローズアップされてくるのではないでしょうか。「詩神との対話」（『定本吉田一穂全集　別巻』小澤書店）という講演で、一穂は「半眼微笑」にもふれていて、「半眼」は知性を、そして「微笑」は愛情を表した思想だ、と語っています。が、これは第一詩集『海の聖母』の、あの有名な「あゝ麗はしい距離《デスタンス》」の一行につながっている美の均衡のことでしょうし、また「半眼」「微笑」というような、この二つの相反する世界を唯一の相においてとらえるというのは、すなわち究極的な意味では、一穂のアナキズムの思想に起因したことなのかもしれない、と、わたしは解しています。

ともかく、一穂の年譜の一九一三（大正二）年の九月の条に、北海中学を退校して郷里の古平にもどり、リンゴ園の管理小屋に閉じこもって、専ら読書と絵を描く日々を過す――とありますが、絵をだれかれについて習ったというような形跡もないので、独習といっていいと思います。後年、一穂は「詩の歓び」（『文藝』一九六七年六月号）と題した座談会で、「画家になろうと思って東京に出てきたんだよ」とか、「僕は非常にうまかったのだ。うまいということはおれの力じゃない、先祖代々からのものなんだから、こんなことやめようと思って、僕ははっきりやめちゃったんだ」と語っています。絵描き崩れと称してもいいような金子光晴や西脇順三郎を相手にしているのですから、この三者が会した光景は想像するだに興奮を覚えます（先頃亡くなられた田村隆一が案内役＝司会を買っている）。

何やかやと一穂の生活の端々に、その書や絵がいかにも孤高の詩人らしい表情を刻んで存するのを感じます。自省の契機となるこの詩人の書や絵（あるいは篆刻）ですが、すべてこれらは、あの「海鳥」の詩の「流氷と雪崩の純白な法則の中へ」と還ってゆく印のようなものであった、と、わたしは思います。

「北斗の印――吉田一穂」展図録（北海道文学館、一九九二年二月／『積丹半島記』収録）

高見順と素描

しばらく忘れていたことを、ちょっとしたきっかけで思い出すということがよくある。そのきっかけに関しては、のちほどふれるが、思い出したのは一冊の画集である。

それは、まだ元気だったころの土方定一氏からいただいたものであるが、見返しに書かれた字を読むと、「昭和五十四年十月十六日」となっている。土方さんのポキポキした字で日付と贈呈した相手の名前を記している。わたしにではなく、女房の名前になっているところからすると、おそらく仕事を終えたあとで、夕食をともにした際、たまたま、かたわらにおいてあった、その画集をくれたものだろうと思う。その夜のことは、よく覚えていないが、帰路の車のなかからながめた夜空の、やけに澄んだ感じと奇妙に宇宙的な印象をいだいたことのあったのだけは鮮明に記憶している。

これは、ある種の観念の記憶なのだろうと思う。けれども、いま、その画集を繰りながら、わたしは、いちど何かの機会に目にして刻印した画像から、自分が容易に逃れられないでいるのをつくづく感じいっているところなのである。

それは、ほかでもなく『高見順素描集』(文化出版局)であり、しかも、そのなかに収録されている洋梨を描いた水彩画に強烈な刺激を受けたことがあるのを思い出すからである。

一見しただけでは変哲もない絵である。皿に三個の洋梨をのせた平凡な水彩画の連作である。しかし、描き手が高見順であるという先入観でながめるからなのかもしれないが、余白に記された書き込みを読んだときから事情は一変する。

秋子夫人の説明によると十八枚描かれたことになっているが、画集の図版には八点だけ収録されている。いずれも一晩のうちに描かれたものである。余白の文字を読むと、「昭和三十八年九月十日」となっていて、ちょうどそれは『朝日ジャーナル』の連載小説「大いなる手の影」に着手し、第一回目の原稿を書きあげたあとの、寝つかれない時間に描かれたものであるということがわかる。「金で売る必要のない、かういふ遊びは楽しい」とか「いくら書（描）いてもあきないのは何故か、責任がないからか」――などと太い鉛筆あるいは絵筆で余白に書いている。「すでに同じものを十二回書（描）いた。十四回書（描）いて寝よう」とあるが「もうやめるつもりで、また――」と十五枚目を描くというように、何かとり憑かれたもののごとくスケッチブックに向かっている。

あまりの凝りように、夫人は洋梨の一個を丸ごとかじってしまう。残った二個を未練たらしく並べ直してはみたものの、あきらめがついたのか、それでようやく就寝したということである。奥日光のホテルの外は爽やかな朝となっていた。

個人と社会とを統一的にとらえる現代小説「大いなる手の影」執筆に着手しながら、しかし、それは食道癌のために中断のやむなきにいたっている。『いやな感じ』『激流』（第二部は中断）に続く三部作となるはずの構想を秘めながら、癌を宣告されて手術を受けるのは、洋梨を描いた日から約ひと月後のことである。

＊

おそらく益子焼の皿だろうと思うが、その上に三個の洋梨を並べている。それぞれの中心軸が三叉を組むような恰好になっている。第一作は比較的写実的に描いているけれども、しだいに単純化している。スピードのある線で皿と洋梨の輪郭をとり、絵の具のまざりぐあいからすると太目の筆、それも一、二本で処理しているように思われる。

しかし、である。高見順は描いているうちに、描く対象と自分との距離に気づき始めて、洋梨も皿の区別もなく、ひとかたまりの物体としてみるようになる。五、六枚目あたりまでは、線も色彩も対象に即しているが、やがて物体にはそれ固有の輪郭線などないのではないかという疑問につきあたって、輪郭線を否定しようとする線が皿と洋梨を描いた紙の上を奔走している——文学的ないい方をすれば、眼はしだいに狂気じみたものとなり、対象の物性と衝突して、そこから容易に逃れられない自身の不自由さにもがき始めていると映る。しかし、線というものはそもそも、いくら引いたところで、外界の物体の直接的な投影であるより、むしろ自己とかかわる心理の一瞬一瞬を刻印するものではないのか——そんな考えを、あらためて意識させる高見順の水彩画となっている。

わたしは「劉」という一字をバックに書き込んだ岸田劉生の、茶碗と林檎三個、それにブリキ缶と匙がテーブルの上に置かれている静物画（《静物》一九二〇年、大原美術館蔵）を思い出すが、対象の物性に眼がとり憑くということは、たまらなく孤独で不安で恐ろしいことなのである。その劉生をして次のように「日記」のなかに書かしめている。「もういくら描いても同じ様なものなれば、思ひ切つて机の上の林檎や缶をおきかへてしまつた」と。秋子夫人が洋梨の一個を丸ごとかじった——というあたりの光景と重なるのではないだろうか。

見方を変えれば、形象の細部までを緻密に描き出す油絵の場合とは違って、水彩ないし素描には、どちらかといえば対象の物体を、どのようにみるかを問うための、一種の抽象化というか暗示的な性質を秘めたところがある。詩的感興と散文的構築性という分別もできるかもしれないが、芸術的表現があくまでも無限定を前提としているかぎりにおいては、もとより主属の関係ではない。洋梨を描いた以前にも、高見順は「コップ」や「樹」のシリーズを鉛筆で素描している。それらは「仕事にかかる前の僕を見てゐるコップ」とか「小説のやうなコップ」などと余白に書いてあって、むしろ変哲もない形をもった物体を前にして、自己の内なる行為を誘い出そうとしているようすである。

ことばとの連動において一本の線が、あるいは絵筆で薄く塗られた水彩が、対象の物体をとらえようとしているが、対象そのものに無限に近づく行為の結果は、存在そのものはつかみえない、というところへ自分をつれ出している。矛盾といえば矛盾なのである。これはつまるところ二重の自己化といってもよい。しかし、けっして対象は自己所有されるものではなく、対象を対象としてみつめながら、「僕を見てゐるコップ」という書き込みに象徴されるように、引き裂かれた自分を発見する手続きにすぎないのである。

自己の内なる行為を誘い出す高見順の、酔ったような、また別の意味で狂気的な眼がとらえた水彩や素描は、彼の詩におけることばの操作と、きわめて親和するものをもっている。癌手術後にしたためられた『死の淵より』は、そういう意味の代表的な作品となっている。内的世界における次から次へと湧出するイメージの、ことばへの転換は、一本の線を引くことによって派生してくるイメージの束と連動している。少なくともスケッチブックの素描からは、そうみえる。超現実主義の自動記述法よろしく、なかば無意識下の操作へ愛着を示すものがあるからである。

しかし、一本の線はそれ自体で意味を有するものではない。「おれはおれ自身からのがれたかった／おれがおれを敵としたのはそのためだった」という『死の淵より』のよく知られた一節があるけれども、死の呼び声につれ出されるところの、夢想への傾きを徹底して日常的な現実につなぎとめておこうとする、この詩人の、自分史への執念が、おそらく苦々しい風景に不思議なほどの静寂さを加えているのであろう。こういう変容の秘密が、はたして何にもとづいているのか、わたしは知らない。寝られぬ夜の時間に、闇のなかを射《さ》してくる魂との交歓があるのだとすれば、一本の線は、それぞれ沈黙のなかで呻吟しているのにちがいない。

自分自身の生の空虚をもてあましているうちは、人間をふくめて、あらゆる実在の根本を自覚的に対象化することはできない――そんな印象をあらためてつよくしたために、わたしは自分の記憶のなかで、ほとんど忘れかけていた一冊の画集があるのを思い出すことになったのである。飛躍したいいかたをすれば、それは人間の死と結び付く。

＊

数週間前のことであるが、わたしは南仏のアンティーブにあるピカソ美術館の一室で、ニコラ・ド＝スタールの《演奏会》（一九五五年）という作品をみた。縦三・五×横六・〇メートルの巨大なカンバスに描かれたものであるが、これは、ド＝スタールの最後の作品といわれているものである。一九五五年三月に行われたシェーンベルクと弟子のウェーベルンの演奏会を聴いたド＝スタールが、その演奏会にヒントを得て制作したものであるけれども未完に終わっている。アンティーブのアトリエの窓から彼は海へ身を投げて自殺してしまうからである。

わたしは、そのあまりにも単純化された画法の背後に、画家の、夢想への増幅があったのではないかと思った。水彩ではないかと思われるほどの薄塗りの微妙な色彩は、画家をある種の陶酔へみちびいたのだけれども、それがおそらく、日常的な現実との回路を断ち切らせることになったのにちがいない――わたしは美術館の中庭からアンティーブの海をながめて、絵のなかに侵入することの恐ろしさを感じたと同時に、ド＝スタールの作品に、黄色い洋梨を描いたものがあるのを思い出したのである。

きっかけというには、動機がいまひとつ曖昧であるかもしれない。想像のなかにちらつく出会いの画像は、いつの場合も整然とは配列されていない、だから当然といえば当然のことである。わたしは、人間の死と結び付く――と書いたが、それは人間の営為の所産に、むなしい空白をみるということではない。夏の夜の、たまらなく狂おしい時間のなかで、こうして書いていると、何か断念の思いとかさなって、重苦しい気分にもなってくるが、自己の無にも耐えうる厳しい精神のはたらきを、一方で強く感じているからなのである。無という恐るべき不毛地帯に、一度も身をおいたことがなくて、あの詩人、ウィリアム・ブレイクの魂の澄明さを示す水彩画は生まれなかったろうと思うし、豊饒なものへの転生は、いつも死と結び付く灰色の世界と紙一重のところに存在している。

わたしの瞼のなかで交錯したド＝スタールの黄色い洋梨のイメージに誘われて、筆のすさびとはいえ、こうして高見順の水彩画の連作について、いささか観念的な一文を草した理由の根本を弁述する気はない。火焔のように燃え上がる高見順の線の回転運動をながめながら、わたしは、ド＝スタールが画布に魂の線を引いていた姿を想起する。不吉なとりあわせであるが、第二次世界大戦直後に、不慮の死を遂げた作曲家ウェールベルンの「オーケストラのための五つの小品」を聴いているところである。

『現代の水彩画5』（第一法規、一九八四年十月／『遠い太鼓』収録）

画人・三好豊一郎

『ポエティカ』が創刊（一九九一年）される少しまえのことである。まだ飯田橋駅近くにあった小沢書店を訪ね、長谷川郁夫さんと世間話をしていたときに、こんどの小冊子の表紙は三好豊一郎さんの絵でいく——ときかされた。長谷川さんのなかに何か秘するものがあって、わたしに念を押されたのだろうと思ったが、まあ、顧みれば二人とも大の三好ファンであるから自ずから決りだ、ということで、あとは三好さんが応じてくれるかどうか、であった。

もっとも長谷川さんの秘するところとわたしの思惑は、ちょっと違っていたかもしれない（詩人の三好さんを「画人」としてとらえる、わたしの職業的判断から生じた個人的な興味と、いつかわたしの「字」をもって二人展をしてみたい、というひそかな願望をいだいていたから）。

突然の訃報に接したいま、三好豊一郎という詩人の、生の全体に照らして、どのあたりに結びつきの自他を確認できるのかを迷うけれども、所詮、それは三好さんの絵をぬきにしてはなりたちようのないことである。

＊

三好さんは照れ性のところがあって、世間との距離のとりかたにも独得のものがあった。その一切は詩及びさまざまなかたちの文章のなかに捩《ねじ》り込まされているはずであるが、こと絵のようすとなると、三好さんに接した印象の苦味の部分が、じつに不思議なことに、とろりとした芳ばしい風味のあるものにかわっているのである。詩の方面にも、こうした変容が起っていたのかどうか、わたしは知らない。

できたてのホヤ〳〵の『蜉蝣雑録』（小沢書店、一九七六年）をもらったときに、口絵に自作の石榴《ざくろ》の絵を挿んでいたのが、わたしが三好さんの絵をみた最初である。もう十六、七年もまえのことである。なか〳〵やるナ、この人、と思った。しかし、それ以上のことは、のちのち心を通わせるようになって、わかってきたことである。

いちどだけ八王子の三好さんの家を訪ねたことがあった。訪ねた、といっても多勢で押しかけたのであるが――。いつか三好さんの絵をみてみたい、というわたしの願望を、長谷川さんが、それとなく叶える算段だったのかもしれない。誰と誰がいたのか記憶はあいまいなのだが、『蜉蝣雑録』が上木《じょうぼく》された直後のことではなかったかと思う。言いつたえに聞いたところでは、狸汁の馳走にありつけるということだった。

お邪魔したら、二階の板の間で鍋をつつく手はずになっていた。ところが、約束の時間よりも早く着いてしまい、奥さんの用意を気づかって、三好さんはちょっと界隈を散歩しましょうといわれた。

八王子の市街を北の方へ案内されて、その昔、色街のあったあたりの、うらぶれたさまを横眼でみて通ったのまではおぼえているが、あとは、狸汁のことが気になって、ただ三好さんの後《うしろ》を追いかけるのみ。すた〳〵先を行く三好さんは、まるで忍者のようであった。小高い丘の上の掘立小屋の前で、われ〳〵のやってくるのを待っている。つかまえたと思った次の瞬間には、また姿がない。例の、あのニヤッとした微笑みを浮べて遠くの方で合図している。その間、約二時間。すっかり身体は冷えきって、吐く息もはげしくなっていた。小雨がパラついて、いまにも霙《みぞれ》になりそうな、そんな気配のなかをもどることになったのである。

――狸汁の鍋をつついて盛り上った、その夜の宴会は、わたしにとって忘れられない想い出となっている。そして押入れのなかに仕舞ってあった絵を、ひょい〳〵と取り出して、そのいちいちに自ら注釈をつけ、専ら手製の額の自慢ばかりしていた三好さんであったが、わたしは、いいものをみせてもらったと思った。眼福を得ました、などといったら、それはないよ、と照れるにきまっている。わたしは生命の意味というのは、ひたすらであることによって深い陰影があらわれることを教えられた気がした。

それから何年か経って、三好さんのはじめての個展（「幻華山人書画展」金鈴画郎）で軸物の数点に接したとき、わたしは作品の背後にあるのは、あの散歩だ、と直感した。

路傍の小さな存在に対する眼差。「もの」へ生命の詩《うた》を語りかけようとして、相互にだまりこくっている沈黙。肉体的なリズムが精神のリズムを獲得する一瞬と、その忘却。さらにまた、日常を日常の範囲のなかで反復する我慢強さ――これらが、ごく自然なかたちで三好さんの心のなかに浮び上ってくるところの、一種の観法というか観入の仕方の根本に、わたしは雑木林の小径や窪地のある丘陵のなかを巡り歩く（『幻華山房漫筆』の「私の散歩道」ほかのエッセイ）三好さんの散歩を重ねたのである。

端然とした絵ぶりで、柳里恭《りゅうりきょう》の花卉図を想起したが、この『独寝《ひとりね》』の風流才人、甲斐の柳沢一族の名をもちだしたりしたら、また〳〵、それはないよ、といわれるにきまっている。

だから下手な方便で、うまいなあ、といった。

たいていの人は何を考えているのか、およその見当はつくものだが、三好さんはどこで考えているのだろうと思わせる不思議な人だ。篆刻《てんこく》でもしているのではないかと思えるような細かい字で、真赤になった校正刷をみせられたこともあったが、いかにもらしいのである。

詩を書くという行為は、自他の声の結び目としてあらわれ、その境界はあいまいなのだ――とオクタビオ・パスはいっているが（『弓と竪琴』牛島信明訳、図書刊行会）、三好さんもまた「詩心の針先がさぐりあてたなにものかである」（『内部の錘』小沢書店）と述べている。わたしは傍点の、この「なにものか」のうちに、三好さんの絵とのつきあいがあったのだろうと思っている。

どう転んでも詩との因縁の外へは出ていかない絵であったとしても、三好さんが絵と向きあった時間の、じつにゆったりとした感じは、絵がとくに晩年の三好さんの暮しぶりの中心となっていたのではないか、と想像させるところをもっている。

残念ながら生前最後の個展となった「径の花――三好豊一郎展」（古心堂画郎、一九九二年十一月）をみる機会を逸してしまった。図録をつくづくと眺めているところである。

『Poetica』第九号（小沢書店、一九九三年三・四月号）

画家の詩、詩人の絵

対談

窪島誠一郎×酒井忠康

［司会］土方明司

想像力、喚起力、痛み

土方　窪島さんは詩人や文学者に寄り添う形で美術を語ってこられ、酒井さんは美術のなかの文学性、文学者としての資質を意識した論を多く展開されてきました。本日は展覧会を企画した担当者として、おふたりにお話しをうかがいたいと思います。

酒井　「画家の詩、詩人の絵」という展覧会ということですが、ここに出てくる画家にしても、詩人にしても、美術史、文学史といった総括的な位置付けが不可能な人たちばかりですね。当時としては、むしろ落ちこぼれ的な存在。だけどそこにこそ魅力がある。

窪島　同感です。出品作家のラインナップを見て感じたのは「ごろつきどものハーモニー」というか、僕には心地がいいです。

僕が館主をしている信濃デッサン館は、一九七九年に開館して今年で三十六年になりますが、三年目の「詩人たちの絵展」は空前の大ヒットを記録しました。長野の山奥に、ちょっぴりディレッタントな長髪の青年たちが三万五千人もやって来た。その時は、ヘルマン・ヘッセやジャン・コクトーなど海外の作家も並べましたが、宮沢賢治の作品がとてもスパイスとして効きましたね。

土方　僕も、窪島さんの展覧会を拝見して衝撃を受けたことをいまでも覚えています。今回のテーマは、長年温めてきたものなのですが、実際にやろうとするとなんとも難しかった。文学史、美術史それぞれの展覧会はあっても、詩人の絵、画家の詩を同時に考える展覧会は、過去にはなかったと思います。

窪島　出品されている吉増剛造さんですが、僕は明大前でキッド・アイラック・ホールという小さい芝居小屋というか飲み屋をやっていて、一九六九年頃「ポエム&ジャズ」というイベントに彼にも参加してもらったことを思い出しました。

いまでは、詩人の朗読会など珍しくないけれど、当時は斬新な試みで、うちの狭い空間に、吉増剛造はじめ、富岡多恵子、白石かずこという錚々たるメンバーが集いました。

吉増さんはほかの人たちと少し違っていて、なんともざっくりした言い方だけど「絵を誦《うた》う」とあんな風になるのかと思いました。言葉は文語、絵は口語というか、口語と文語を組み合わせて「…です」「…ます」「…である」を混ぜた語りで、見ている人を感動させていましたね。

酒井　目と耳について考えると、詩人でも目のいい人は絵のほうへいくのかな。吉増さんは目もいいし、耳もいい。現代詩は目の方へいくことで、どんどん難解になっていった。萩原朔太郎あたりから変わってきたと思います。

高村光太郎は、美術と文学というテーマには欠かせない存在ですが、光太郎を論じるのはとても難しい。戦争詩もある。光太郎のまわりには、宮沢賢治や草野心平がいたり、難波田龍起が心酔したり、ご本尊みたいな存在だった。

書くということでいえば、光太郎は文章を何度も何度も推敲しては書き直しているのです。書家の石川九楊さんが、ペン字か鉛筆書きの近代ナンバーワンは光太郎だといっていたので、そういう視点で見ると、生原稿はいいのだけれど、清書しているうちにどんどん悪くなっていくように思いました。

窪島　光太郎は、ある種の権力というか、いろいろなところに登場するから誤解されやすい。

酒井　でも優しい人だったのでしょう。グループ写真で目立つところに座っている写真は一枚もなく、いつも端っこにひょっこりと立っている。岸田劉生なんかは、いつでも真ん中で威張っている。賢治もシャイだから端っこタイプ。谷中安規は背中を向けそうだけど。

藤森静雄、恩地孝四郎、田中恭吉ら『月映』の人たちのことを、窪島さんは著書のなかで「痛みに寄り添う想像力」と書いている。そして括弧付で「喚起力」とも書いてあった。いま世の中全体が、痛みに寄り添うどころではなく、想像力、喚起力が不足している。

窪島　椅子から落ちたら「痛いっ」と感じますけどね。

酒井　そう、僕たちの痛みや違和感は外的なものだけど、芸術家も詩人も内的違和感で、ものを生み出していく。痛みで思い出すのは、ギュンター・グラスの「ブリキの太鼓」やコクトーかな。

窪島　彼らみたいな越境者は、あまり日本にはいないのではないでしょうか。

日本人の特性なのかよくわかりませんが、整理癖というか、詩人だとか、画家だとか、どうしても分類しないと気が済まない傾向があると思います。見る人が感じればいい。自分にとって、この作家は、詩人なのか絵描きなのかと。見せる側も一生懸命に分類して提示する。いまのジャーナリズムやマスメディアがどこか衰退しているとすれば、原因はこの整理癖あたりにあると思うのですが。

酒井　若い世代の学芸員の仕事を見ていても、じつに優秀な整理をする。それはそれで意義はあるが、整理をした瞬間、突然に薄っぺらな感じになる。

窪島　この対談が始まるとき、本の編集者が用意した画家と詩人の出品リストを、酒井さんがこんなの見ないよ、と足払いを食らわした。その様子を見ていて、酒井さんやるな、と僕は思った。越境者は越境者の視点で見ることが大事で、整理したリストは不要である。

酒井　透明でやっちゃダメ。不透明でなくては。その空気がわからないとね。

窪島　僕も不透明派。だけど自分でわざと汚しても不透明にはならない。ゴルフのルールはよく知らないけれど、ビリから二番目の人を称えるブービー賞というのがある。芸術家もブービーを生きなくては。本当に汚れるそのもうひとつ手前の不透明さ、整理不可能さが重要だと思う。

詩情、たたずまいのいい絵

土方　山口薫や古賀春江の作品には、いま見ても漂う詩情に深い魅力を感じますが、美術史の流れのなかでは、「詩情」について真正面から論じられてこなかったように思いますがいかがでしょうか。

酒井　とてもいい質問ですが、「詩情」というより「たたずまいのいい絵」というべきか。すでに造形的にどうのという域を超えているから魅力があるのだと思います。

窪島　それは「品格」でしょうかね。

土方　僕が学芸員になった三十年前は、現代美術の作品のなかの文学性は否定されていました。それがここ十年くらい前から、絵のなかの物語性や文学性が堂々と復権してきている。例ば、イケムラレイコさんの詩と絵が対等にある作品などを見ていると、強い説得力を感じます。

酒井　それはそれでいい。だけど、僕が絵画の文学性というときは、決してポジティブな意味ではいっていない。ネガティブに考えたい。ここが、本流になったら気持ち悪い。

窪島　だからこそ、この展覧会が面白いのではないでしょうか。

酒井　まあ、そういうことだね。僕はあまのじゃくだから。あまのじゃくでも、ポジティブなのとネガティブなのがいる。

窪島　僕も酒井さんも、ネガティブのほうですね。

酒井　ポジティブなやつは制度をつくりたがる、法律とか規則とか。これが困る。

窪島　この展覧会を企画した面子は、筋金入りのネガティブだね。

酒井　「美術のなかの文学性」という表現が蔑称に近い意味をもつものであった。それはそれでいいと思う。

　文学と美術の愛憎、そして永遠の嫉妬。イメージは物質に絶えず嫉妬するのです。

窪島　イメージは嫉妬である、は「喚起力」と双錘を成す。

酒井　病んだ詩人が絵を描きたくなるのは、絵画がもつ「物質性へつながる細い怪しい橋」を渡りたいからでしょう。

窪島　見る側にとっては作品が救済になる場合もあるかも知れないけれど、表現者である本人にとっては、何をしたって自分を救うことはできない。その病苦を自転車操業みたいに書いて描いて乗り越えていく。

酒井　西脇順三郎は、どんどん書いて、どんどんわからないものになっていった。吉増剛造さんも、その方向に向かっているかも知れない。

窪島　文字という存在のもっている意味、文字って何だということを、全部オルガナイズするところに朗唱がある。他者の耳に聞かせる、うたう、語る、そこに収斂されていくとなると、文字の介在も案外あると思う。酒井さんは「細い怪しい橋」を渡るとおっしゃいましたけど、文字の場合はまたいで越えなくてはならない。異物は文字ですね。

絵を描かない詩人、詩を書かない絵描き

窪島　ここまで、詩を書く画家、絵を描く詩人の話をしてきましたが、一方絵が描けない物書きも当然います。

酒井　僕が感心したのは、井上靖の『石濤』という小説。具体的な作品は出てこないが、すごい小説家は言葉で絵が書けるのだなと感心した。

窪島　井上靖は少年の頃の憧れの人でした。井上靖は絵を描きたかったみたいだったけど、どうにもならなかったらしい。いまから思うと、あのリリシズムとは何なのだと、因縁をつけたいようなところもある。

詩を書かない画家は、書けないのか、あえて書こうとしないのか、絵が文学の従属物になることへの漠然とした不安や、物語性に絵が飲み込まれることへの懸念なのか。それを問うことがキュレーターの仕事でもあるのではないかな。

土方　現代の美術があまりにも痩せてきたので、アーティストの側が危機感をもって、文学なり詩なりに近づこうとしているのではないかと、よく話題にすることがあります。

酒井　意識的に近づけさせるのは無理だね。それは時代が動かすことだから。

窪島　時間もかかる。一種の魂の合コンが必要な時期がきているのではないかな。いまのように「住み分け」と「整理術」の方法では何も進まない。

表現する人間は、自分の表現方法に対して、ぎりぎりの選択を己に強いる環境を自分でつくっていかなくてはならないと思います。3・11という危機の

ときには、必死に自分に何ができるだろうと考えた。あそこに情動の出発があるわけです。再び平穏な日々というか、曖昧な日常に戻って、そのなかで絵を描くことも、詩を書くことも、輪郭が非常にぼけてきているように感じます。

命がけの筆休め

土方　絵描きが詩を書くことをどのように思われますか。

窪島　命がけの筆休め。「箸休め」というと、メイン料理の合間に少し軽いものを食べて一服するという感じですが、画家の「筆休め」は余技どころではなく命がけなのです。

絵を描く自分の魂をどれだけ熱く継続させていけるか、そのために絵筆を置いてペンをもつ。絵と詩は当人にとって分離されているものではなくて、絵を描くことが詩を書くことだし、詩を書くことが絵を描くということ。わかりきった話になってしまうけれど。

土方　では、詩人が絵を描くことはいかがでしょうか。

酒井　詩人にとって絵を描くことは、詩の結論を教えてくれること、ではないだろうか。

窪島　絵を描かないと詩の結論が見えない。

酒井　なんらかの形で、詩人はみんな絵を描いている。

窪島　少し異論をはさむと、詩人の場合は詩の表現域では、どうしても辿り着けないものを絵にしているのではないだろうか。願望というか。だけど、詩人は永遠に己の未熟をさらけ出すところから絵を描くのか。そうすると自分の詩に完全に満足したら絵は描かないのか。詩人にとって絵を描くことは、充足されていないものを補完することではないだろうか。

本来はよじり合わされるべき仕事であって、どっちに所属しているかという腑分けにこだわることはない。全人的な人間的なところから出発する営みであって、絵を描くのであれ詩を描くのであれ、ひとつの卵から生まれる行為なのです。たまに、作為的、恣意的に画家自身が詩人と画家を自分で住み分けるケースも見られますが。宮沢賢治は両方を俯瞰して佇立してみることができた稀な詩人であり画家であったけれど、槐多や西脇になると住み分けもへちまもない。

村山槐多と僕は、十七歳八か月で作品を手にしてからいま七十三歳という月日をつきあってきましたが、詩とか絵というより「村山槐多を見ている」というしかないのが結論です。

「どうぞ裸になって下さい／うつくしいねえさん」という詩は、いい裸婦のデッサンもあるけれど、槐多という人間の渇望、希望、願望が一体になって、あるときは絵にあるときは詩になっている。自画自賛になりますが、夕ぐれどきに信濃デッサン館にたたずむと、これは文学そのものだなとしみじみと思うことがあります。その感じ方がまさしく村山槐多との接し方であって、文学のなかに絵が身ごもっているという感じです。

湖に石を投げるようなテーマ

窪島　展覧会をつくる側として見ても、今回の展覧会はいろいろな意味で、今後に大きな課題を投げかける「踏み台」のような内容になっている。展覧会としての大きな回路を、文学館でなく美術館でやったという試みが、とてもいい。
そして、来館者自身も自分の立ち位置がどこにあるかを確かめるチャンスになるのではないか。この展覧会を見る時、多くの人は詩人の目で見ると思う。もっといえば絵の前に立ったとき、観る人を詩人にしてしまう力が絵にある。

酒井　鑑賞者の詩心が測られる展覧会でもあるということですね。

窪島　絵はつかみどころがあるものをつかんでしまったあとの仕事で、詩はつかみどころがなく最後までつかめなかった仕事だから、それを見る人は心のなかでシェイクして融合させる。

絵は詩と違う、詩は絵と違う、というアンチテーゼを同時に含めて、見えないけれど見える、見えるけれど見えてないところを行きつ戻りつする。ここを今回の展覧会の柱にしていいと思う。そもそも強固につながるものではないのだよ、「画魂」も「詩魂」も。

酒井　未完成であるということが完成であるという言葉のレトリックにもなる、賢治の言葉じゃないけれど。

窪島　詩人であるは画家である、画家であるは詩人である。

結局、結論は見えない。「画魂」と「詩魂」は一体化した双子みたいなものでどちらがお姉さんかわからない。

酒井　僕は判定したいね、詩の方が上、絵が下だよ。

窪島　自分は立場的には画家が上といいたいけど同感です。詩魂から絵が生まれる。

酒井　湖に石を投げるようなテーマだね。

窪島　混沌ここに極まれり。

（「画家の詩、詩人の絵」展図録（平塚市美術館他、二〇一五年九月））

Ⅲ

文学散歩

〃かまくら文士〃の片影

先頃、二階堂の久米正雄邸が福島県郡山市に移設された。毎朝、わたしは同じ二階堂の江ノ電分譲地からおりてきて、その久米邸のまえを通って勤めに出るので、旧理智光寺跡を大塔宮の方にまがる角地の久米邸が取り壊されて消えてしまったというのは、なんとも寂しく、時の経過による世のうつりかわりの、その早さにあらためて驚いてもいる（注1）。

住いを逗子の小坪からうつして五年ほどだが、勤めの方は三十数年も経ち、だから鎌倉は、まあ、わたしにとって第二の故郷といっていい。

日々の暮らしのなかでいろんな方々に接し得た喜びが、わたしの記憶のなかに蘇ってくるけれども、特に強調しておきたいのは、他所では、そう簡単にお目にかかれないような、よく知られた文学者や詩人や批評家などの、通称〃かまくら文士〃と呼ばれた方々との出会いである。

ここではごく限られた方との出会いとするが（勿体ぶった言い方ではなく）、多くは町で擦れ違ったていどの出会いでしかないけれども、それでも、いま振り返ってみると、目撃の遠近には関係なく、文士についての印象はたいへんに貴重な映像となって、わたしの眼底に焼きついているのを知る。ソバ屋であったり、路地裏の飲み屋であったり、駅のトイレであったり、あるいは本屋であったりしたが、なぜかわたしの印象のなかの文士はどの人も個性的だ。

車椅子で美術館へこられ、歯切れのいい昔の話で圧倒されたトン先生（里見弴）、じっと目を動かさないでソバ屋のテーブルに座っていらした小林秀雄氏、そして寸時の光景として印象に刻んでいるのは、狩猟に出かけるような格好で本屋の入り口で呵呵大笑していらした小島政二郎氏、また夕方にしか町へ出てこられなかったサングラスの澁澤龍彦氏、木刀を携え大股で小町通りを闊歩していた立原正秋氏など、それぞれ独特のしぐさと表情をかもしだしていたのを記憶している。電話で話したり書簡をいただいたりした人もいないわけではないが、いずれにせよ、これらの光景に遭遇し得たというのは、わたしが鎌倉にいたからこそのことだと思う。

ほかには、すでに二十年くらいまえのことだが、町の商店街の二代目や画家や議員などの元気な面々と、小さな会をつくって、年に一度か二度、ワイワイやって呑んでいた頃に、ホッホといって仲間にはいってくれた山崎方代さん、喫茶店でいつか紹介していただこうと思いながらスレ違ってばかりで、結局、叶わなかった伊藤海彦氏、これから傑作を書くといって若死にしたリューちゃん（前田隆之介）などの姿が思い出される。飲み屋で仕事仲間と語らっているときに、すっと近寄って、〝キミたち、男だけの酒は景色としてよくない〟などと酔眼で口走っていた詩人（田村隆一）も、いまは亡く、かつては綺羅星のごとき観のあった〝かまくら文士〟も、メッキリ少なくなってしまった。なんとなく、張り合いのない昨今でもあるが（いかにも郷愁に耽っているような言い方だが）、これも鎌倉が時の経過で変貌したことの証左といえる。

＊

〝かまくら文士〟の纏め役だった主《あるじ》の家・久米邸が忽然と消えたということはまぎれもない事実で、また残念なことと思うけれども、しかし、妙に親しさを覚えるのは、なぜだろうと思ってみることもある。きわめて個人的な興味でしかないが、ある夭折の画家との縁にそれは繋がっているからである。

一九一九（大正八）年に二十歳で亡くなった関根正二である。久米の脚本で百姓役の一人として画家は出演、有楽座で上演された「地蔵教由来」でのことだった。同じ端役の一人に今東光がいて、彼も関根と昵懇だった。この夏には没後八十年を記念する関根正二展（注2）を開催する予定にしている。

こうして〝かまくら文士〟の片影をたどっていて、ふと、思い出した本がある。今日出海氏の『私の人物案内』（中公文庫）。そのなかの「鎌倉の紳士たち」の冒頭で、川端康成氏が今氏にこんなことをいう。「鎌倉にいると頭が悪くなりますね」と。

少々、気象の話をしてから、あれこれと「紳士」（文士）の登場となって、人物描写の名人芸を読むのだが、頭が悪くなる理由についてはふれられていないのである。医学的な根拠のある話なのだろうか――。

『神庫』（鎌倉市医師会・かまくら春秋社、一九九九年三月号／『その年もまた』収録）

注1　わたしが鶴岡八幡の境内にある神奈川県立近代美術館に勤めていた頃の話である。この時点ではまだ途中の小山富士夫邸も存在していた。

注2　「生誕一〇〇年―関根正二展」（神奈川県立近代美術館他、一九九九年七月―八月）

安岡章太郎展の一隅

昨年の秋、ひさしぶりに神奈川近代文学館を訪ねて、「安岡章太郎展─〈私〉から〈歴史〉へ」を見てきた。しかし、見てきたというのは、展示作品を鑑賞してきた、と受け取られるので、ちょっと畏《かしこ》まった気分になる。ここではむしろ覗いてきた、と言ったほうがいいかもしれない。というのは、はじめに告白しておくが、わたしはある時期から安岡章太郎氏の、一種の〝隠れファン〟となり、その後、枕元に数冊の文庫をいつも置いて気儘な読書にひたっている。そういう気儘さに引かれて文学館を訪ねたので、あらたまった話でなく、ここでは展覧会の印象と、わたしがたまに手にする『繪のある日常』（平凡社、一九七八年）のことを書いておこう。

展示は、軍医だった父の勤務地を転々とした章太郎少年が、度々、受験に失敗し、そうしたなかで文学に目覚めていく。「自称〝劣等生〟の足跡」（序章）から「作家の誕生」そして「歴史の彼方へ」という構成になっていて、安岡章太郎の生涯と作品の概略をたどることができて、わたしには大いに役に立った。とくに『流離譚』の資料や取材ノートの綿密さには驚かされた。その気になったらとんでもない地力を発揮する安岡氏に接した想いであった。懶惰を気取っている風の一面は、『なまけものの思想』や『良友・悪友』などに如実だが、『私説聊斎志異』となると、山下菊二の挿絵も手伝って、わたしの愛読書の一冊となっている。

いわゆる「第三の新人」たちが、横並びに写っているよく知られた写真（文春クラブで撮影）がある。いまとはちがう文学の濃い空気がそこには漂っていたのを感じた。病を患っていた安岡氏から吉行淳之介宛ての手紙、あるいは島尾敏雄から安岡氏宛ての手紙などを覗きケース越しに読んでいるうちに、この世代に近いわたしの先輩たち（「鎌倉近代美術館」時代）の顔が思い浮かんで重なった。この世代は戦争の傷を負っていながら、戦後は、熱い思いを抱いて、ハリキッテ生きようという熱意をもっていた点で共通していたが、どこかに世を拗ねたようなところもあった。まあ、それぞれが自己の実存に照らして、個々の道を探っていたのだろう。

わたしは生前の安岡氏と二度ほどお会いする機会があった。一度目は挨拶ていどだったが、二度目は鎌倉の蕎麦屋であった。何かの展覧会を見にこられて、たまたまわたしの旧知の編集者と一緒だったので誘いを受けたのだろうと思うが、何を話したのか憶えていない。いまなら小出楢重や若冲のことでも話題にするかもしれないが、あのシャガールに似ていると言われた優しそうな笑みを横目にして、ただ一緒に居られたというだけで充分だった。

造本に凝った『繪のある日常』の「あとがき」によると、「絵を語ることは私にはむつかしい。しかし絵を語ることも文学になり得ることはあるであろう」と書いている。そして「平凡社の福田さんから、これまでの美術に関する雑文を全部集めて本にしないかといわれて、あっちこっちに書いたものを集めてみた」とある。この「福田さん」というのは、わが師土方定一の教え子（千葉工業大学）の一人で、そんな縁もあって、この本は福田英雄氏から頂戴したものであった。

口絵に一点だけ小出楢重の《裸女結髪》（一九二七年）を飾っている。安岡氏は「淡黄色の美女」という表題で、そのなかに「絵の中にある人間臭さが私たち小説家と共通したものを感じさせる――」と書いている。谷崎潤一郎の『蓼喰ふ虫』における小出楢重の挿絵の妙について書いた一文と併せて収録されているが、どちらもなるほど、と柔らかく訴えかけてくる、読み応えのある美術エッセーとなっている。

ほかにも「物について」という一文で若冲を論じ、「離俗の生涯」の蕪村、あるいは「鳥海青児訪問記」など、絵にも人にも、概念的な知識をたよらずに、まっすぐに本質をたずねる安岡氏の文学的手法に、わたしは惹かれて厭きることがない。

いい時間を展示室で過ごして、しばらくロビーでくつろいでいた。ふと見たテレビの画面（「声のライブラリー」）に、安岡氏が映っていた。詩人たちとの座談会であった。質問の意味は忘れたが、安岡氏は「実は──」と漢字にしないで「じつは──」と書く云々と照れ臭そうに応えていた。この人らしいなと思った。

『日本近代文学館』第二七六号（二〇一七年三月）

近藤啓太郎『大観伝』にまつわる消された話

1

人は誰しも自らの人生を、あらかじめデザインして、その通りに生きられるものではない。そんなことが、ふと脳裏をよぎったのは、ほかでもない――。

先年亡くなった日本画家・小泉淳作氏の晩年に、東大寺本坊の襖絵四十面の奉納にかかわる仕事があって、その端っこにくわわっていたわたしは、ときどき置酒歓語のもてなしを享けた。この画人の起伏に富んだ生涯を知り、内々にであるけれども徳富蘇峰に師事した新聞人で、かつまた大正期の政界で暗躍した、あの小泉三申（策太郎）が、画家の父だということも人づてに教えられた。

ある夜、小泉さんは酒杯を手に、こんな話をされた。

「将来、自分は小説家になりたくて、慶應義塾（大学予科）のフランス文学科に進んだが、そこに安岡（章太郎）がいて、彼の書いた同人誌の小説（「首切り話」）を読んで、その才能にびっくり仰天した。あんなのが傍にいたんでは、とてもかなわねェよ」と、照れわらいを堪えているようすであった。

小泉さんは、その後、大学を中退して東京美術学校の日本画科に進んでいるが、散々、苦労をした挙句に、ようやく晩年になって脚光を浴びることになった。

その小泉さんの口から安岡章太郎の名が飛び出したとき、わたしの好きな作家のひとりでもあったから嬉しく思ったが（それはともかく）、人生の選択というよりは、何か運命的な力によって捻じ曲げられたことへの歯《は》痒《がゆ》さのようなものを感じさせた。ありていに言えば、この世代の人の多くに共通する戦争体験の影を宿しているせいではないか、とわたしは想像した。

小泉さんの画室の書棚には、二人の交友を示す、安岡さんから贈られた署名入りの本がズラリと並んでいた。思い返せば、ペンを執るか、さもなければ絵筆を持つか、という人生の岐路に立った人のことが、あれこれと思い浮かんだ。たしかに上手に二足の草鞋を履いた才人もいないことはないが、小泉さんは生き方の上では不器用な人であった。

この『大観伝』の著者・近藤啓太郎氏にしても、生き方の上では（どちらかというと）不器用なタイプに属する人だったのではないかと思える。東京美術学校の日本画科卒の経歴の持ち主であるにもかかわらず、絵筆を捨て、ペンを執る小説家に転じたわけだから、これは小泉さんとは逆のケースと見なしていい。

だが、この二人の人生の交差路に安岡章太郎がいた――というのは、美術であろうが、また文学であろうが、そうした囲いの問題ではなく、それぞれが、つまり作家魂の所在をどこにするかによって決まるということではないのか。面白いのは二人の共通の近しい友人に安岡さんがいたということだから本来ならその交差路を主題にして話をはこびたいのだが、それでは注文と違うし、目下のところ用意に欠けるので、ここではやはり『大観伝』の著者・近藤啓太郎が、「第三の新人」と呼ばれる文学世代（仲間）の一人となるまでを少々たどってみる。

＊

「紆余曲折があって敗戦の翌年、私と母は東京の家を売り払い、南房総鴨川の漁村に引っ越した。売り食いの種も切れて生活に困り、私は俄か漁師になったのがきっかけで、小説家に転向した――」

と、歿後に出た『日本画誕生』（岩波書店、二〇〇三年）にある。せんだって再読していたら、藤田嗣治の『巴里の横顔』に感動したというくだりのなかで語っているのを知った。「画家になっていずれはパリへ行き、自由な生活を満喫したいというあこがれに取り憑かれた」とも書いている。

たしかに母と「死なば諸共」（いかにも時代劇風だが）と決意して進んだ画家の道である。にもかかわらず、近藤さんが「紆余曲折」の末に絵筆を捨てることになったのはどうしてなのか、ということになる。

そのわけは『海』（旺文社文庫、一九七七年）に附された「自筆年譜」に記されている。

一九三九（昭和十四）年の条に、

「十九歳。日本画科本科一年に進級したが、私は絵に熱中出来なかった。絵を描くことが芯から好きなのではなく、画家の自由な生活にあこがれて、美術学校へ入学したのだから、無理もなかった」とあり、十年後の一九四九（昭和二十四）年の条には、

「二十九歳。半人前の漁師を一年やってから、鴨川中学校の図工科の教員になった。漁村で生活し、漁師の仕事を経験したことによって、私は今まで忘れていた人間の素朴な生命力というものを発見した。この発見を私

は小説に描きたいと思った。小説を描きはじめると、絵よりもずっと熱中出来た。画家より小説家になった方が私の個性に適わしいと思った」

と記している。内的必然にもとづく、じつに率直な自己省察である。かくして「第三の新人」にくわわる近藤氏であるが、「自筆年譜」を引くと一九六五（昭和四十）年の条に、

「鴨川在、八色に家を新築して、移転した。新築のとき借金をしたので、その返済のために中間小説を多作しはじめた」とある。

その後、作品がテレビ・ドラマ化され、大衆的なウケ仕事をものしていた時期がつづくが、どういう心境からなのかは知らないけれども一九七四（昭和四十九）年に『大観伝』が書かれ、はじめ「生々流転」と題していたが、これは著者の「新生面」を拓く作品として高く評価されることになった。

2

近藤啓太郎『大観伝』をめぐって、少々ミスティックな話を書いたのは、七、八年まえのことである。拙著『鞄に入れた本の話』（みすず書房）に入れたので、ここでくりかえすのは気が引けるけれども、その後いささか解釈が膨らんだので、そのあたりのことを絡めて書くことにしたい。

失礼ないいかたになるが、わたしは近藤啓太郎氏のよい読者ではない。けれども、氏の親友である安岡章太郎氏が、とにかく絶賛したというこの本だけは、再読三読した。というのは、わたしの旧友川嶋眞仁郎氏（新

潮社の編集者）が、日本芸術大賞の選考会後の宴席でワイン・グラスを手に、「天心と大観についての誰も知らない話を披露したい」といって口にした話が、そもそもの引き金となったからである。その内容は「大観を生意気だと怒った天心が、ふところに隠しもっていたピストルをとりだして、大観を脅し、逃げる大観を撃った——」という話であった。

びっくり仰天した。信じられなかった。しかし大観が撃たれて殺されたとかケガをしたという話ではないので、その場にいた面々（『岡倉天心』〈朝日評伝選〉の著者、大岡信氏も同席）もとくに怪しむようすではなかった。

いい加減なことを口にする川嶋氏ではない。わたしはいずれその典拠をおしえてもらおうと思っていた。ところが、数年後、偶然のことから手にした『大観伝』に、川嶋氏の話とそっくりの箇所があるのを発見したのである。

「陽気で賑やか好きの大観は、静かで寂しい田舎暮らしに耐えられず、屡々、筆や絵の具を買うといっては、刺戟を求めて水戸や東京に行き、茶屋酒に親しんだ。あるとき、大観は天心夫人の元子と一緒に東京を発ったが、途中、大雨で洪水が出たため、汽車が水戸から先は不通となった。水戸で一泊して五浦に帰ると、天心が二人を疑って怒り出した。揚句の果てにピストルまで持ち出し、逃げる大観を撃ちながら追いかけまわした」（第五章）とあった。

五浦に移住した天心門下の下村観山や木村武山は、天心の意にしたがって無難に過ごしているが、大観だけはあつかいにくく、しばしば天心の逆鱗にふれたという。かつまた春草ともども大観は「朦朧体」の絵に夢中ときていたので作品の買い手もつかない状態であった。このことも天心には不満の種（自分の蒔いた種なのに）

だったようである。

先のピストルの話のあと、著者の近藤氏は、こんなふうに続けて書く。

「天心自身、九鬼夫人との前科があるため、他人をも疑いやすかった。それに、大観は天心のやること為すことすべてに魅力を感じて、羽織の紐の結び方まで真似るくらいだから、当然、元子にもあこがれを持ち、つい過ちを犯したと考えたのであろう。天心は独断的に感情に激することが多かったが、翌日になると、昨日のことはけろりと忘れ果てた」と。

ちょっと深読みに過ぎませんか、と訊ねたい箇所でもあるが（それはともかくとして）、具体的に史実に照らしてチェックしたならば、おそらく、この箇所はとってつけた感はまぬかれまい、とわたしは直感した。しかし、よく読んでゆくと、やはりなかなか手の込んだ伏線が数ページまえから張られているのである。たとえば、こんなところがそうであろう。天心は、いうことを聞かない大観に「癇癪を起して怒鳴りつけることさえあった。そのくせ、大観をインドにやり、アメリカにも連れて行かざるを得ないのであった」と。

ともかく、これまで大観論や大観伝が多くあるけれども、そのなかで、この近藤氏の『大観伝』は、掛け値なしに大観の人間的な一面をみごとに炙り出し、同時にまた、大観の画技の秀逸さと弱点を指摘している点で印象に深い。とくに晩年に描いた（世評の高い）大観の「富士山」に愚作が多いといって、その理由を大胆に指摘している箇所は、いかにもこの著者らしく、じつにさわやかなのである。

「軍国主義の台頭という社会的背景と老齢による頽廃とが、その原因といえる」が、要するにこれは大観の「事大主義」に起因しているのだ——と指摘する。また「ほとんどの場合、富士山に感じられる魅力は、美人を見たときの感動と同じ種類のものである。文学的なものであって、造形的なものではない」と明言している、この一節などに、わたしは画家を断念した近藤啓太郎という人の、何か運命的な力によって捻じ曲げられたことへの歯痒さのようなものが滲んでいるような気がするのである。

大観がいわば本能むきだしのごとくに描いている「富士山」の絵を見せられるにつけ、近藤氏は画家を断念しなければならなかった自分に連れ戻されるのであろう。つまり画家の自由な生活にあこがれて、美術学校へ入学したけれども、肝心の絵を描くことが芯から好きになれなかった——と「自筆年譜」(『海』『海人舟』旺文社文庫)に書いているように、この造形思考を画技のなかに結実することのできなかった悔しさが、文学にわたりをつけることになった理由のひとつだったからである。畢竟、これは近藤啓太郎の人生の実存に問うほかない問題でもあるが、ありていにいえば、氏の世代の人の多くに共通する戦争体験の影のなかに見出される視点といってもいい。絵筆を捨ててペンを執った経緯についても、内的必然にもとづく、じつに率直な省察に立っている近藤啓太郎である。

＊

しばらく躊躇していたのだが、わたしは川嶋氏に訊いてみるのも一案と思って、彼にハガキを書いた。するとどうだろう、こんな返事がきたのである。

「ご指摘いただいた近啓さんの『大観伝』中のエピソードは、昭和四十二—四十三年頃、慶應の菅沼貞三先生にエッセイをお願いした折、平櫛田中翁（九十六歳か）を訪問、萱沼先生がインタビューしたのを小生がテープ録音で収録したものの中にあったことです。ところがドッコイ――田中翁は、絶対にテープを消してくれ、公にはしないでくれと注文をつけていましたが、近藤氏が執筆の時は田中翁も亡くなられ、萱沼先生も退官されて音信不通で、ついこの情報を安岡・近藤両氏との酒席で披露したものでした」。

手元にあった『大観自伝』（講談社学術文庫）にも平櫛田中の「岡倉天心を語る」（「尾崎記念講演」一九六〇年）にも萱沼貞三氏の一文（「平櫛田中先生と私」一九八〇年）にも、わたしは件《くだん》のエピソードにからむ物騒な話の欠《か》片《けら》も見出すことができなかった。そしてハガキをもらってから一年も経たないうちに（残念なことだが）川嶋氏は亡くなってしまった。

近藤氏の『大観伝』は、基本的な文献にすべて目を通し、大観に近かった人たちからも材をとった話を挿入して仕立てられている。しかし、平櫛田中に直に取材したものかどうか。「日本画は売れるのに、なぜ彫刻は売れないのでしょうか」と、天心に訊いてみると、「売りたいと思うようなものを作るから、売れないのさ」と即座に応えた――という話などは、田中翁の「耳にタコ」としてよく知られた話である。

これはわたしの推理だが、ピストルの話も、おそらく田中翁が天心を敬するあまりに拵えてしまった話のような気がする。いかにも彫刻家らしく天心のしぐさや体型についても記憶していて、それほど背の高くなかった天心が大きく見えた理由を、このように話している。

「たもとに両手を入れ、其の腰につけ両肘を突っ張り、背筋を伸ばして威厳のあるポーズをとる。この形が岡倉先生を大きく見せているのだろうと思います」と。

この懐手をした天心について、田中翁が身振り手振りで話しているうちに、ちょいと興奮して天心になり代わり、その揚句の果てに、ピストルの話にまで展開したのではないか、とわたしは想像する。いずれにせよ真偽のほどはわからない。

『三田文学』（二〇一四年夏季号）

澁澤龍彦の最後の注文書

わたしは彼を記憶している――こんな書き方をすれば、おのずとボルヘス風にならざるをえないが、鼻にかかって、ちょっと甲高い声で話している彼の姿を想い出す。

それはある夏の日の夕刻であった。

いかにも散歩がてらという雰囲気で、本屋の若主人と話を交わしていた。その内容をききとることはできなかったが、ものの数分で彼は立ち去った。夢の中の「幻鳥」のごとく夕闇の彼方へと消え去ってしまったのである。一個の具体的な人格をもった彼と接した最後であるが、わたしは生前の彼に一度も相対《あいたい》の関係をもたなかったことを悔んだ。別に人間的な交わりの形式にこだわっていたわけではないけれども、出会いの必然がついにおとずれなかったのである。

遠目に彼をみとめたのは、幾度もあった。それは『山の音』や『鞍馬天狗』の作家たちとの、路地裏での遭遇と同じで、そこに何か特別の意味があるわけではない。人と人との出会いの素朴なありようをつたえているだけである。

あまり自らの生活について書くことのなかった彼が、ある雑誌の取材に応えた一文がある。「本の中の散歩」(『ELLE JAPON』一九八二年九月号)と題したそれは、本を買い求める彼の日常を物語っていて、その手続きがまたじつにあのカントのように整然とした段取りですべて進行していたのである。

特に鎌倉警察署の真向いにある邦栄堂書店（注1）とは、二十年来の付き合いで、ここに彼は注文のリストを渡す。めったに外出しないから奥さんの車で鎌倉まで出かけたときに、以前に注文してあった本を受けとり、新しい注文リストを渡すという段取りである。たまに奥さん一人がリストだけをもってこられることもある、と本屋の若主人は説明していた。洋書は第三書房で、古本は神田、ということに決められていた。「一か月に読む本は、リストのもので二十冊か三十冊。いや、もっと多いかな」と応えているから桁はずれの読書家である。

彼の訃報に接した二、三日あとのことである。邦栄堂で河出文庫に入っている彼の著作を、わたしは丸ごと買った。そのとき若主人が一枚の紙切れを見せてくれたのである。鉛筆書きの彼の注文リストであった。

わたしは彼の飽くなき「渴望」と一個の知られざる「楽園」を見たように思った。しかし、わたしはなぜかそれを自分だけのこととして隠しておきたかったのである。コピーを取ってもらって、わたしは書斎の抽斗《ひきだし》にしまい込んでしまった。

それから七年ちかい歳月が経過した。時のたつのは早いもので、いささかの驚きを禁じえないが、たまたま引っ越しがあったりして、ふと、わたしは彼の注文リストのことを想い出したのである。残念ながら雑本の中に紛れて、それを見付け出すことができなかった。

記憶というのは不思議なもので、わたしは彼の最後の注文が金田一春彦・安西愛子編『日本の唱歌』上中下（講談社文庫）だけであったと思い込んでいた。しかし、あとで本屋の若主人にたしかめてもらったところ、ほかに『王朝漢詩選』（岩波文庫）と『李長吉歌詩集』全二冊（岩波文庫）と『太陽の帝国』（国書刊行会）の三冊もその同じリストに入っていたといわれた。いま、わたしの手元にそのコピーがあるけれども、『日本の唱歌』だけは何か特別の感じをあたえる。

どうしてなのか、自分でもよくわからない。咽頭癌の手術で声を失った彼が、その肉体に揺籃の記憶をよびもどそうとしていたのか、あるいは幼神をともなった大地母神のイメージにぶつかる契機をさぐっていたのか、わたしの想像にはとどかない、ある何か爽やかなロマンの空気の漂いと芳香とをそこに感じるだけである。

手元の注文書をつくづくと眺めて、わたしは日付のことが気になった。その日付はおそらく本屋の若主人の書き込みだと思うが、一九八七年八月四日となっている。彼が亡くなったのは、その翌日のことであるから文字通り最後の注文書ということになる。彼の病室には届けられなかった四冊の本であった。

わたしが澁澤龍彦氏の姿を目撃した最後は、ある夏の日の夕刻であった。それは彼が入院する直前のことである。わたしの仕事の領域に密接する彼の『思考の紋章学』の、ある一篇について質しそびれたことを、いまでも残念に思っている（注2）。

『スタイラス』No.14（一九九四年八月号）」

注1　警察署は移転し、書店は薬局となっている。
注2　「付喪神《つくもがみ》」の一篇。この点に関しては、後年（二〇一七年二月十八日）、〈連続講座＝澁澤龍彦〉において、わたしは講演者の一人として若干言及することになった。

ある日の磯田光一

まことに妙な光景なのだが、磯田光一氏が有楽町駅のガード下を右往左往している姿をみかけたことがある。黒っぽい鞄をもっていて、ときどき立ち止ったり、また急ぎ足で歩いていたり、というようすであった。おそらく『鹿鳴館の系譜』(文藝春秋、一九八三年)を上梓される前後のころのことではなかったかとおもう。

記憶があいまいなので、その点は不案内であるが、街をうろついている氏の姿はとても印象的であった。その後も磯田氏の著作に接するたびに想起するので、声でもかけておけばよかったのだが、何か人影のようでもあって遠慮してしまった。『永井荷風』(講談社、一九七九年)がサントリー学芸賞となったときにご一緒して、終始、恥しそうにしておられたのをおぼえているが、仕事の領分もちがって日常の接点がほとんどないところに生じた、それはわたしのなかの、ある感情がかたちづくる光景といえるかもしれない。どこかに敬愛する気持ちがあって、つよい憧憬を感じさせるが、所詮かなわぬ仕事への熱意に、近づきがたいものを感じる凡庸の自分を、いまさらのごとく知らされるところに映発する光景でもあった。

独得の修辞において、磯田氏が語る『永井荷風』のなかに、こんな一節がある。

「江戸文明の最後の体現者であった荷風は、敗者のストイシズムにみられる近代性において、日本で最初の〝近代人の〟風貌をも露わにする。荷風の矯激な〝個人主義〟が、かりに理念にもとづく生涯の仮構という一面をもったとしても、その仮構はまぎれもなく荷風の十字架であった。」

「理念にもとづく生涯の仮構――」とはまた、いかにも氏の形容にふさわしい。誤解をまねくかもしれないが、これは荷風像をブロンズではなく木彫によってかたちづくろうとしているようないいかたである。江戸期木彫の伝統を継承した高村光雲に、近代そのものとしてのロダン芸術を理念としながら抵抗した光太郎が、のちに《鮨》や《ざくろ》のごとき、前近代の木彫の手法のうちに自己の彫刻理念を確認しなければならなかったのと似たところに、磯田氏の荷風像は設営されているからである。

これはおそらく、磯田氏が日本の近代をどのようにとらえるかという、かなり本質的な問題とも関連している。著作の多くにあたって閲《けみ》しているわけではないので、ごく限られた範囲での推測にとどまるけれども、氏の仮設と設問は、近代の時間と空間を鋭い鑿《のみ》で彫刻しているかのごとき観がある。そこで削ぎ落す部分のあつかいは、いちどならず理想のかたちにモデリング（肉付け）したことのある手法（たとえばロマン主義文学研究）との、折り合いのなかで形成されたものではなかっただろうか。粋で嫋やかで姿のいい文章が、そのことを端的に示しているような気がする。

しかし、磯田氏の仕事の芯となっているところには、時代の敗者がしばしばそう感じさせるところの、一種の鮮烈な狂気を予感させるものがある。それゆえに禁欲的であったといっていい。現実を否定的な媒体とするという意味では、たしかにそれは虚構のなかに別の現実を設定することにほかならないけれども、徹底して自己のなかでそれを止揚する過程において照射されている。一例をあげれば、『思想としての東京』（国文社、一九七八年）に収録した「補論・文学史の鎖国と開国」のなかで、こう書いている。

「〝鎖国の王国〟の生んだ文学から、政治的な有意味性がほとんど剝落し、内面の声のもつ普遍性とそのリアリティだけが、文学史の検証にさらされるような時代が、遠からず訪れてくるという予感が私にはある」と。そして「そういう時代の到来するとき、人々はいやでも〝鎖国〟の夢を破られるであろう」と。

こういう鋭角的な氏の鑿の痕をたどるときが、じつは氏の著作をひもとくわたしの一番の興味となっているところでもある。

磯田氏の著作をあらためてとりだしてみて気づいたことであるが、わたしはやたらに鉛筆で線を引いたり印をつけている。これはいわば、わたしの癖であるからそのことはたいして問題とすべきことではないけれども、要するに、種村季弘氏の形容(「磯田光一の小人国」)をかりれば、拡大鏡を通してあらわれる「巨人国の風景」ではなく「小人国の風景」のなかで読者としてのわたしは立ち止っているということである。しかも複雑にからみ合った近代の時間と空間の、その変容のようすを恐ろしく微細なものまでをも収納して生き生きと語っている氏の「風景」は、たとえばこんなぐあいである。

「湯島天神を公園にした思想は、西欧諸国の都市構想にならって江戸時代の遺制を廃そうとした点で、広い意味での鹿鳴館の思想の延長上にあった――」と。

しかし、こうしたものいいの前提に、湯島境内の芝居や見世物などに付随する「賤」の領域のあったことをみおとすことをしない。荷風の『つゆのあとさき』を論じて「かつては化粧を一種の悪徳と教えこまれた日本の女が、貧しい庶民の娘にいたるまで、ともかく洋風の化粧で、気おくれを感じることなく街へ出ることのできた最初の時代だった」と書き、そこに「風土の底にとどく」時間と空間の変容をみとどけている。

こうした箇所（『鹿鳴館の系譜』）で立ちどまるのは、氏の内在的な「風景」に参入してこそみえてくる実体と出会うからである。

日本の近代について、わたしは美術の領分を主要な採集の場としてきたが、「感性の変容」を具体的な事例に即して語った氏の『思想としての東京』は、風景と人間の暮しの様相を見事なデッサン力で描いていて、じつに刺戟的な著作となっている。

そのなかで氏は「明治三十年代の転換」について論じながら、画家の青木繁を例にもちだしている箇所がある。いかにも氏らしい画家の選びようであるけれども、ここらあたりはちょっと訊いておきたかったところでもある。

いずれにせよ「東京」を主要なテーマとして語った氏の『思想としての東京』は、近代都市の変貌を構造的にとらえ、しかもそれを言語の変質において洞察しているところに特色がある。

『磯田光一著作集5』附録（小沢書店、一九九一年四月）

前田愛と小林清親

前田愛氏とわたしがおつき合いするようになった、そもそものきっかけは、小林清親にあったといっていい。高橋誠一郎氏に監修をひきうけてもらった『小林清親 東京名所図』（学研版、一九七五年）が出版されて、わたしがその作品解説を担当。いろいろな資料にあたり、先人の研究を頼りにしながら、なんとか役目を果したわけであるが、しばらくして、その解説の一節を前田氏が「開化のパノラマ」（『展望』一九七七年十月号）で引用。友人から報せをうけて、書店で、その雑誌を求めたときの興奮をいまでもよくおぼえている。

正直なところ、わたしはびっくりした。意外な気がしたのである。『幕末・維新期の文学』（法政大学出版局、一九七二年）を著していた、どちらかといえば硬派の文学史家（そのころは、とくにそう感じていた）が、こんなものにまで目をくばっているのかと思って、わたしは怖れをなした。

しかし、いま顧みれば、わたしにある種の自信のようなものをあたえてくれたと同時に、前田氏の関心が図像的な方面へも展開しはじめていたことを知る。

清親の作品のなかでも、《東京新大橋雨中図》や《元柳橋両国遠景》は、作品を読むという手続きにおいて、とくにわたしの興味を誘ったものであったが、雪をいただいた第一銀行のみえる《海運橋》と『東京名所図』の最後を飾る《両国焼跡》は、それにもまして気になる作品であった。

前田氏は「開化のパノラマ」の最初に、この《海運橋》をとりあげて、「明治初年の錦絵・銅版画・石版画にくりかえしとりあげられた東京新名所のひとつだったが、清親の作品がただよわせている一種の沈鬱な表情は、おそらくおびただしい類作のどれにも似ていない」と書いている。わたしはそこに、ある種の旧幕臣的な清親の心情のたたずまいを予感。しかし、その感情論を組織化する手立てを欠いていた。前田氏は「時代の意匠」を織りこんでゆく「繁昌記」のスタイルと、その「多様な意味の織物」の変貌を、寺門静軒の『江戸繁昌記』から服部撫松の『東京新繁昌記』を時間軸にして、都市空間を論ずる内外の学説を援用。その論じかたの、構図の大きさとダイナミズムに、わたしは感服した。

その後、わたしはそれまであちこちに書いてきたものを寄せ集めて『開化の浮世絵師・清親』（せりか書房、一九七七年）を出版した。雑誌『みづゑ』（一九七八年十一月号）で拙著を書評欄にとりあげてくれたときに論じてくれたのも、ほかならぬ前田氏であった。

これは、清親の視界のなかに入って、出口を見失っていたわたしに、ある示唆をあたえてくれるものであった。描かれた「風景」の、その空間の感触を、いわば私小説的な距離の実感だけではなく、よりトータルな視点から眺める空間の遠近法を必要とするという方法の導入についてであった。幕末・維新期以降の日本近代絵画の、とりわけ風景画によくみられる「中景」の欠落について、その後にいくつか論じ（拙著『影の町』）、前田氏が指摘された絵画のなかの空間と、近代化過程の実質的な空間の変貌とのあいだに確認される、この虚・実の関係をあらためて意識するようになった（このところ、わたしは現代彫刻にかかずらっているのも、そもそものきっかけは、前田氏の『都市空間のなかの文学』（筑摩書房、一九八二年）に啓発されたところにあり、縁むすびの神は、清親といっていいかもしれない）。

とにかく、「開花のパノラマ」を書かれた前後あたりからであろうと推察するが、前田氏の文学的空間も大きく変化したような気がする。飛躍したいいかたをすれば、近世から近代への通史的な見通しを獲得する文学における個別研究の成果を集約して、時代の変動が刻む構造的な変化に対応させるようになってくるからである。しかも、その構造をより鮮明なかたちでとらえようとする前田氏は、方法論としての「文化記号論」をさかんにもちだすようになる。バルト、ベンヤミン、プーレ、バシュラールなどの現象学や記号論が、前田氏の文学的空間にさかんに引用されるようになるのも、まさにそのころからである。

図像的なものへの接近は、いわば必然であって、『都市空間のなかの文学』の「あとがき」にも記しているように、『明治大正図誌 東京Ⅰ・Ⅱ・Ⅲ』（筑摩書房、一九七八―七九年）の共同編集（小木新造・芳賀徹）は、「図像的なものの解読に開眼するきっかけをつくってくれた」という。「清親の光と闇」（『朝日旅の百科 東京の旅3』一九八一年四月号）は、その意味でたいへんに興味深い文章となっていて、「ガス燈のまばゆい光に衝撃をうけた清親があらためて発見したのは、新橋ステーションから銀座煉瓦街を経て日本橋川べりの駅逓寮や第一国立銀行にいたる文明の界域を押しつつんでいる江戸空間の陰翳であり、闇の深さであった。清親の『東京名所図』は、広重の『名所江戸百景』と同じ場所をとりあげたものが結構あるが、藍色の色調につつまれた広重の夜景にくらべれば、清親の夜景がわだかまらせているのは、いっそう濃密な闇の光学ともいうべきものであった」と書いている。

時代の「風景」が変っていく、その推移のようすを清親の図像にかさね、しかも自らの文学空間をより精彩あるものとして語ろうとする前田氏の「美学」が、ここにそれとなくあらわれているのではないだろうか。光のもとに新しく姿をみせる世界と、影のなかに消え去ろうとする世界、この対照的な過渡期の「風景」に、ことばのカメラマンは喜々として参入しているのがわかる。永井荷風の『すみだ川』を、清親の《今戸橋茶亭の月夜》に引き寄せて語る闇の意味は、清親の「光の修辞法」によって、よりその闇の密度を加えている——まさにそんな印象である。

しかし、もっとも刺戟的なところは、文明の光としてのガス燈が、アーク燈に移り変る時期の、光＝近代の意味の変質を指摘している箇所である。清親の《両国焼跡》には「黒く煤けたガス燈がぽつんと立っているのが、じつに象徴的だ」と書いている。

——ときどき、とりだしては読む本に前田氏の『幻景の街』（小学館、一九八六年）がある。一種の文学散歩なのであるが、小林清親とのつき合いの、幽かな余影を感じさせる前田氏の視界に気づくときである。

『前田愛著作集』第四巻「月報」（筑摩書房、一九八九年十二月）

ある消息――山田稔著『マビヨン通りの店』

数週間前、『朝日新聞』の書評欄（「著者に会いたい」）で、山田稔氏の『マビヨン通りの店』（編集工房ノア、二〇一〇年）がとりあげられていた。とても端整な面立ちの著者の顔写真が載っていたので、一見、名前は同じでも、あの古今東西の「糞尿譚」について面白可笑しく紹介してくれた著者とはむすびつかなかったが、記事のなかみからほぼまちがいないと推察し、またわたしにもいささかのかかわりがあった「文壇からはぐれた前田純敬」のことが書かれているということもあって、さっそく本屋に注文することになった。

それにしても奇妙なことがあるものだ、とつくづく思う。

表題のエッセイには、わたしが野見山暁治氏の『四百字のデッサン』で知った椎名其二のことが出てくるし、この人の不思議な暮らしぶりや人生観に興味をもったので、その後、椎名其二という名前につられて、二、三冊の本を（古本屋で）買うことになった。それらの本についても山田氏はふれている。蜷川譲著『パリに死す 評伝・椎名其二』（藤原書店、一九九六年）やジャン＝ポール・ラクロワ『出世しない秘訣』（椎名其二訳、理論社、一九五八年）などである。

わたしの好みといってしまえば、それまでのことだが、自分自身は臆病者のくせして、ちょっとシャに構えた人のことや芸術家に興味をおぼえるたちである。だから手にする本もそうした傾向のものが多くなるのもいたしかたないわけだが、こんどばかりは、おやおや、こんな人とも著者の山田氏は深いかかわりのなかにいたのかと知ってびっくり仰天。

「一徹の人」として書かれている飯沼二郎氏もそうだ。わたしも一時、行き来があった。とくに夫人の文さんが絵を描くので、京都へ行くとよく絵の講釈をたれたものだ。ずいぶんまえになるが、葉山に住んでいた日高六郎・暢子夫妻のところを訪ねたといって、ついでに逗子の拙宅にも寄って、食後、こどもたちに折り紙を教えてくれたことがあった。海外に行くと、その国の子供たちと仲良くする、これがもっとも手っ取り早いコミュニケーションなのです——などといって、飯沼先生が愉しそうに紙を折られていたのをおぼえている（そのときの折り紙はどこかにあるはず）。

山田氏は、この「一徹の人」との微妙な距離感をユーモアのある独特の文章でつづっている。しかし、著者はズケズケものをいう東京下町（両国）生まれの飯沼二郎氏の「ためらいのなさ」を苦手にしていたようである。つまり、農政学の先生とフランス文学の先生のちがいというより、ここらあたりの感受の行き来が、文学の世界の（醍醐味というほどのものではないにせよ）、まあ、「読み」にかかわる微妙な道筋なのかもしれない。拙著の『開花の浮世絵師・清親』（せりか書房、一九七八年）を送ったときにも、一刀両断、わたしの両国界隈の記述のまちがいを指摘されたことがあったが、まあ、忘れられない懐かしい人である。

さて、前田純敬氏の話となる。

わたしは旅先のホテルの朝食で、たまたま読んだ『西日本新聞』（二〇〇四年二月十三日）で前田さんの死去を知った。

「前田純敬（まえだ・すみのり＝作家）10日午前7時16分、急性肺炎のため神奈川県藤沢市の病院で死去、81歳。鹿児島市出身。自宅が藤沢市藤が岡2の16の36の405。葬儀・告別式は14日午前11時から藤沢市鵠沼藤が谷1の1の34、湘和会堂鵠沼で。喪主は長女友紀子（ゆきこ）さん。作品に「夏草」など。」

いたって簡単な死亡記事である。一時期ひっきりなしに会うことがあったのに、わたしはこの人のことをまったく知らなかったといっていい。わたしの前の職場（神奈川県立近代美術館・鎌倉館）の喫茶室に、前田さんはよく顔を出した。一九七〇年代のことではないかと記憶している。前田さんが美術館に足をはこんだのは先輩学芸員の同じ早大出の佐々木静一氏や朝日晃氏と懇意であったからだが、いつのまにか先輩たちがつきあいを遠慮し、その後は、わたしがもっぱら話し相手になっていた。

ちょうど、わたしが『美術手帖』に「幕末風景画誌」と題した連載を終えて、『海の鎖―描かれた維新』（小沢書店、一九七七年）を上木《じょうぼく》したところ、よく手紙やハガキをもらった。癖のつよい、引っ掻いたような万年筆の字で、とても読みにくくてこまったが、とにかく、わたしの現状を見抜いているような按配の書簡だった。ロートレックやエルンストの資料を依頼されたり、『中国新聞』のある編集者が東京支社に転じたといって紹介されたり、とある画廊とのつきあいを断念した口惜しさを書いていたり、そうかと思うと、同人誌（『カイエ』）への寄稿を打診する当人の手紙と一緒に、あちこち訂正を入れた「神の恵み」というエッセイのコピーを同封した、五十円切手を貼った（「昭和五十一年六月五日」の消印のある）手紙が出てきたが、文面を拾い読みすると、そこにはT・S・エリオットの「文芸批評論」におよび、またエチエンヌ・ジルソンの『言語学と哲学』のことが書いてあった。

一種の「手紙魔」といっていい前田さんは、著者の山田氏とも文学仲間の共通の友人を介してかかわりをもっている。しかし前田さんのその「粘着性」にはほとほと閉口したといったような箇所を読むと、わたしにも思いあたる節が多々あるので、やはりそうかと同意するところがあった。けれども著者は「後始末」の一文まで添えている。こういうところに、この著者の持ち味というのか文章をしたためる人の人間的な礼儀を感じた。

前田純敬氏は『群像』(一九四九年十二月号)に発表した「夏草」で、第二十二回(一九四九年下半期)の芥川賞候補にあげられた。そのときの受賞作は井上靖の「闘牛」であったが、ほかの候補者に島尾敏雄や阿川弘之の名があり、前田さんの「夏草」を推した選考委員には岸田國士がいたという。「夏草」は作家の郷里鹿児島での少年期の空襲体験を踏まえた小説であるというが、わたしは未読である。

山田氏は「夏草」のあとの作家・前田さんの作品十数篇をとりあげている。しかし、この作家が「もっとも活躍したのは昭和二十年代後半の数年間」だったのではないか——と書いている。

いずれにせよ、わたしがよく会っていたころのこの作家は、なかなか偉丈夫で恰好もよかった。暢気に喫茶室で難しそうな本を読んでいるのを勤務中にみかけたりすることもあった。安月給できゅうきゅうとしていたわたしには、ちょっぴり羨ましくも映ったが、あれはきっと何か按ずるものをかかえた作家の日々だったのかもしれない。

『美術ペン』132号(二〇一〇年冬号)

曠野の一軒家——米村晃多郎と神田日勝

二〇〇六年の十二月八日、わたしは「第四回日勝祭」に招かれて神田日勝記念美術館に隣接する鹿追町民ホールで、一時間少々、神田日勝にまつわる下手な話をした。

いったい何をしゃべればいいのか、という迷いはあったけれども、まあ、何とかなるという思いと、演題にした「神田日勝のこと—米村晃多郎『土くれ』にふれて—」の、その米村晃多郎(一九二七—八六)という人に曳かれるようにして、わたしは出かけたのである。本当のことをいえば、神田日勝記念美術館の菅訓章さんにさそわれたからなのだが、米村さんのことが思い浮かんできて、急に行ってみたくなったのである。

菅さんと会ったのは、二年前(二〇〇五年)のことであった。岩手県東和町(いまは花巻市)にある萬鉄五郎記念美術館で「村上善男展」の開催中、わたしの講演会「村上善男の作品を語る」のあった九月四日に、じつは断く断く然々で、と菅さんに切り出され、訊くと、わざわざ花巻の奥の、この美術館にまで足をはこんだのだという。呆れるやら恐縮するやら驚きでもあったが、あとでその行状を知ってさらに驚いたのだが、まったく神出鬼没の御仁であると思った。

が、とにかく引き受けてしまったわたしのなかに、なぜかはっきりとはしないが、ある夜、米村さんが神田日勝のことを仕切りに話していた時期があったのを思い出したのである。外から突然ノックされたような感じであったが、亡くなられて二十年も経つというのに記憶というのは不思議なものだ、しばらく行っていない十勝平野の景色が眼に浮かんできて、こんどはそれと入れ替わるように、骨太いからだで、ちょっと赤ら顔の米村さんが、元気だった頃にしょっちゅう通っていた居酒屋「長兵衛」（鎌倉小町の路地裏にある）のようすとともにみえてきた、という具合だったのである。

「第四回日勝祭」には、わたしの講演のほかに、鉛筆画の木下晋氏の『はるばぁちゃんの手』の絵本原画展と、フィンランドの伝統楽器カンテレ奏者のあらひろこ（荒博子）さんの演奏会が組まれていた。わたしの講演のほうは、神田日勝の絶筆といわれている《馬》（一九七〇年）のもつ迫力に圧されて、ことばの空回りを妙に気にした話となった。が、思い返せば無理もない。米村さんが「土くれ」（『文学界』一九七九年三月号）を書いた前後のことが、わたしの脳裏によみがえっていたのだから。その所為《せい》ばかりではないが、日勝のことと米村さんのことが絡まっていて、自信のない話し振りだったのではないかと思う。

＊

米村さんは日勝の絵についての、わたしの感想をただ黙って聞いていた。ときどき、ちょっと甲高い声で肴の注文をし、ひたすら焼酎を呑みつづけていた。銘柄はおぼえていないけれども緑色をした中壜サイズの芋焼酎だったと思うが、ときどき、もう一人の自分と対話しているかのような、アテのない笑みを浮かべる表情をすることがあった。戦後の一時期、十勝で教鞭をとったという思い出を追いかけているようにもみえたが、遅れてきた小説家の、一種、覚悟のようなものをみせて、あえて自分を奮《ふる》い起たせているふうなところもあった。

そんな米村さんに、ある日、居酒屋の隅で、わたしは日勝の絶筆の《馬》をどう思うか――と訊ねられたことがあった。わたしはびっくりした。まさか神田日勝をモデルにした小説を書いているとは露知らずであったからだ。話を聞くと、ペンを擱く直前のようすであった。わたしは「描くというより、創っている」と解したほうがいいように思うと応えた。米村さんは賛成も反論もなく、ちょっと不満気な表情をしただけであった。

米村さんが「土くれ」を書く一年ほど前のことである。

「赤蝦夷松」（『文体』一九七八年三月〈春号〉）を書いて評判をとり、その年の直木賞の候補にあがったことがあった。受賞にはいたらなかったけれども、何か期するところがあったのだろう、米村さんは長年勤めた会社を止して文筆の生活に入った。わたしとのつきあいはもっと遡るが、それだけに大丈夫かなと思った。五十歳を越しての決断である。同じ鎌倉に住んでときどきお会いしていた作家の高橋たか子さんなども、米村さんのこの決断を心配そうにながめていた一人であった。

「土くれ」のあとすぐに、米村さんは「峠」（『文体』一九七九年六月〈夏号〉）を書いた。どちらも北辺の風土の気象をとらえ、そこに生きる人間のすがたを重厚な筆でえがいた作品である。生活の細部や道具立てのしっかりした情景で（ちょっと面白みには欠けるけれども）、ある意味では「私小説風」の硬質な文章であった。生活の「実質」に触れた文章であるという点に関しては（おなじ北辺の作家八木義徳の諸編をそこにかさねてみたい気がするけれども）、いかにも米村さんらしいけれんみのない作品といえるものであった。

八〇年代に入ると、共通の友人として、居酒屋仲間の一人であった春秋社の編集者高梨公明氏が、米村さんに目をつけた。「北の肖像」という標題で『野のひと―関寛斎』と『森のひと―どろ亀さん』（いずれも一九八四年）を書かせて刊行するという、嬉しい事業が米村さんにあたえられたのである。当初、これは『望のひと―留岡幸助』をくわえた評伝三部作とする予定だったらしいが（詳しい事情はしらないが）、三作目は刊行されずに終わった。

＊

「他人との出会いの違和感のうちに、自分と出会う――」といっていたのは、米村さんとも懇意だった高橋たか子さんのことばだが、こうして二十年の時を経て振りかえってみると、違和の差ということよりは、相手との距離が何となく測れるようになるということなのかもしれない、とわたしは思った。

直木賞候補になったことと、これは直接的にはむすびつかないけれども、米村さんは、どちらかといえば「文学」の理論よりは、百姓が畑を耕すようにことばを大事に使うことを好んでいたようである。そういう人であったからか「苦労した人間」のことをトコトン考えている人にも興味をもつというタイプだった。だから北海道の東大演習林の樹海を守り育てた高橋延清＝「どろ亀さん」の、その人柄に心底惚れましたというようなようすであったし、また「関寛斎」のときには、その壮絶な生涯について身震いしている感じであった。司馬遼太郎のことを話題にしたのは『胡蝶の夢』に寛斎が登場するからだった。

こうした米村さんを、わたしの記憶のなかで再現してみると、自身の「文学」が目指していたものとちがうところへ出たかもしれないという、ある意味で新鮮な驚きにも似た気持ちが、どこからともなく米村さんのなかに湧いていたのではないか、と思わざるを得ない。

こんど米村さんの「土くれ」を読みなおしてみて、人間を書くというのか、厳しい環境のなかに生きる人間の「闘い」を書くということを、とにかく自分に課した米村さんをみたように思った。

しかし、どうだろう。人間のほんとうの「闘い」というのは、もしかしたらじつに平凡にみえるものなのかもしれない。絶筆の《馬》について、米村さんはこう書いている。

「腹部の体毛を入れていく段階まできて中断した絵が、眼の前にあった。腹で跡切れたやさしい眼差しの農耕馬だ。三枚のベニヤ板を木枠に打ちつけたカンバスのあちこちに、釘の頭が光っていた」と。

そして「胴体で跡切れ、尻や、尻尾や、後脚のない半身の馬が、前のめりの恰好で浮き彫りにされていた。暗い茶褐色の馬を前にして、勝人は、さあこれからだと呟き、瞳をこらしてカンバスを見据えた」と。

*

神田日勝記念美術館で日勝の《馬》の前に立って、わたしは「釘の頭」をあらためて確認した。たしかに途中で絵筆を折ったような《馬》である。けれども、この「釘の頭」をみてもわかるように「描くというより、創っている」という感じであった。米村さんに、そう答えたわたしの説は「土くれ」の頁のどこにも印されていないけれども、あえて、このあたりに、と思わせたのは、以下の数行である。

「原野に開墾の鍬を下ろす素朴な農民画家、と書かれると、／『そうではないんだ』／と、叫びたかった。確かに鍬を振りつづけてきた。これからも、畑へ飛び出し、馬を追い、種を播いていくことに変わりはない。だけど、素朴ではない、創っているんだといいたかった。／いま、勝人は絵そのものに惑いが生じていた。吹雪に閉じこめられた曠野の一軒家にいて、絵を語り合える友人が欲しかった。いくたびか画風を変えてきたこの十三年の間に、はじめてぶつかった壁であった。馬や人を描き、板や壁や頭や足を描き、死馬や死牛をカンバスに埋めてきた」と。

日勝の眼と絵筆は、対象に呪縛されたかのように執拗に対象に接近した。《牛》（一九六四年）の腹の引き裂かれたところや《開拓の馬》（一九六六年）の腹の毛の禿げたところなどに、妙に、わたしの感覚は興奮したが、しかし、どこか日勝の絵には乾いたところがある。可笑しいというほどのことではないが、ちょっと素人っぽいところに味があるのである。生活と作品が直結しているからであろうが、しかし、けっして現実の再現ではない。ちょっといたずらっぽいしぐさで、後ろ足の蹄をあげた《開拓の馬》などに、そうした性向をみるからである。

神田日勝は一九三七年に生まれ、一九七〇年に亡くなっている。享年三十二ということになる。短い生涯であったといえるが、熱く生きた一生だったのではないだろうか。

「結局、どう言う作品が生まれるかは、どう言う生きかたをするかにかかっている。どう生きるか、の指針を描くことを通して模索したい。／どう生きるか、と、どう描くかの終わりのない思考のいたちごっこが私の生活の骨組みだ」（「全道展25周年記念帯広巡回展目録」）と日勝が書いたのは、死の少し前のことであった。

＊

講演を済ませたあとの懇親会で、わたしは日勝夫人の神田ミサ子さんにお会いした。感じのいい出会いであった。句作について少々話されたが、そのとき「海に出て木枯らしかえるところなし」という句を口にされた。句作を断つきっかけとなった山口誓子の句です——といわれたような気がしたが、わたしのいつものハヤトチリかもしれない。

いずれにせよ、わたしは遅れた訪問者になってしまったことを大いに悔いた。

はやくに日勝を評価して、代表作《室内風景》（一九七〇年）について書かれた宗左近氏の文章をかつて読んだことがある、というだけで、わたしは、その気で神田日勝のことを昨日の今日まで考えたことがなかったのであるから仕方がない。

米村さんが三作目に予定していた「北海道家庭学校創立者」の留岡幸助について、よく知っているという年配者がいらしたし、米村さんが「十勝で教鞭——」をとっていたことがあったといっていたのは、事実で、ここ鹿追でしばらく教えていたことも知らされた。会の終了間際に、わたしと同世代のような一組の夫婦が微笑を浮かべてあいさつをされた。米村さんの教え子なのだという。

出会いの不思議はほかにもあった。神田日勝記念美術館の階上の小ギャラリーに、日勝が使っていたという遺品展示の一角があった。机の上に四、五冊の本がブックスタンドに立てかけてあり、そのなかにわが師土方定一の『ブリューゲル』（美術出版社、一九六三年）があった。初版本である。手にとってたしかめたが、ほかの本と異なって手垢のつかないきれいなままの本であった。

＊

米村さんといつどのように出会ったのか判然としない。おそらく、鎌倉の路地裏にあった居酒屋「長兵衛」でのことだったのではないかと思うが、誰かに紹介されたのではない。あの人懐かしい顔の米村さんと店の隅っこで互いに名乗り合ったのがつきあいのはじまりであった。

焼酎を煽るように呑み、それでいながら乱れたところの少しもない米村さんである。その凛とした姿に、わたしはある種の頼もしさを感じていた。

評判になった「赤蝦夷松」や「土くれ」など収めた『サイロ物語』（作品社、一九八〇年）の出版記念会（日比谷公園内の松本楼）のときに、評論家の桶谷秀昭氏が挨拶に立ち、米村晃多郎に同時代的な共感をいだきつつも厳しい後押しのことばを発していたのをおぼえている。背中に張りつめたものがあって、どことなく二人には似たところがあるなと思って聞いていた。米村さんに、そこいらのことをあらためて問うのも野暮だと思って、そのままにしていたのをいまにいたって悔いている。

いずれにせよ、それからつづけざまに米村さんは「北の肖像」の表題で『野のひと―』『森のひと―』の二冊を刊行し、三冊目は刊行されないまま亡くなった。逝去の報せは、居酒屋でしばしば杯をかわし、これらの本の編集者であった高梨公明氏からであった。

それは異常に暑い夏（一九八六年）だった。還暦の手前で逝った米村さんはまだ五十九歳である。逗子市小坪の亀ケ岡団地の自宅へお焼香にあがり、奥様から最期のようすを伺った。わたしは米村さんの無念の思いを想像しながら夜道を鎌倉にもどったが、奥様とまだ中学生くらいの子息とが、二人して寂しそうに玄関で見送ってくれたのを記憶している。

米村さんと文芸誌『白描』の同人であった古井由吉氏が、「歌う人」と題して、じつに心のこもった追悼文を『春秋』（一九八六年十月号）に寄せているので、そのなかの一節を引いて、この稿を閉じたい。

「北海道の原野や森林に魂を寄せた人間たちに、米村さんは自身の魂をさらに濃密に寄せて、二重に増幅された魂の歌を、声は押さえぎみだが、歌いあげている、と私は聴く者だ。魂を歌いあげるのに伝記の形を憑まなくてはならない。人の直情をたどることによって自身の直情を徹す。これは現代作家のひとつの運命である。それについては米村さんは一言も歎かなかったと思う。ただ、われわれのこの日本語、現代口語文にはずいぶんと切ない、もどかしい思いをさせられたのではないか。もちろん、日常尋常の書き言葉をあくまでも大切にした人だ。平明簡潔を心がけた人だ。しかしもっと高く歌いたかった人である。もっと声を強くしぼれて、しかも文として揺らぎの来ない、おそらく文語文の気韻のはりつめた、もうひとつ異なった口語文を、哀しく求めていたのではないか」と。

こうして引き写していると、わたしには何となく哀調を帯びた時代劇の一シーンのなかに、斜に構えた米村晃多郎の像が投影されているのを見るような気分になってくる。不思議だ——。

『美術ペン』121号（二〇〇七年夏号）

再会の夜の雪道——加藤多一

人を訪ねるというのは、ただ訪ねることだけで、ほかに特別な理由も意味もない、という訪ねかたをする人がいる。

長い間、新聞の切り抜きを紙袋に入れたままにしていたので、過日、整理していたら北海道の北のほうに住んでいる加藤多一さんが、ひょっこり訪ねてきたことを書いた、わたしの小さな記事（『神奈川新聞』一九九二年七月十二日）が出てきた。それを読むと、どうも加藤さんの訪ねかたというのは、一種、独特で、それだから妙に印象にのこるというのか、とにかく、うまい表現ができないけれども、あの宮沢賢治の〝風の又三郎〟にちかい。以下に、その記事を引いてみることにする。

「せんだって北海道の友人で童話作家の加藤多一さんが美術館へやってきた。去年（一九九一年）、出版した『遠くへいく川』（くもん出版）という作品が、こんどの第二十二回「赤い鳥文学賞」を受けることになって、久しぶりに上京したのだという。

午前中の美術館のわたしの室で、ひとときを過ごして帰っていった。

「何はともあれ、あんたの顔をみたくってねェ」。この別れぎわのことばが妙に印象にのこった。

むかし加藤さんは札幌でお役人と童話作家の二足のわらじをはいていた。その後、日本の最北端の稚内に住んで、ある女子大学の先生となっていた。しかし、それもやめて「絵本の里づくり」を進めている仲間たちと暮らす決心をし、剣淵町ペオッペに移住した。

そんな折の受賞であるから「天の助けのようだ」と、嬉しそうであった。稚内では自らニワトリやヤギを飼い、土地の人たちとふれあって「たくさんのものをもらった」という。

正味三十分にも満たない再会ではあったが、さわやかな風が、わたしの心のなかを吹き抜けていった。」

来訪の数日前に、わたしは加藤さんからハガキを受け取っていた。先年亡くなった彫刻家の砂澤ビッキを音《おと》威子府《いねっぷ》に訪ねたときのことが書かれていた。遺影のそばにわたしが贈った「風聴人」の「書」（「字」と称しているのだが）を目撃したという。おそらく奥さんと懐かしい話の花を咲かせたのだろう。わたしは加藤さんの背後にも「オイナ・カムイがつかわされた天才」ビッキが、いまだに立ちつづけているのにちがいない、と思った。

紙幅がないので舌足らずの小文となっている。しかし、こうして記憶がボヤケテしまう前の事実がのこっているというのは、まあ（あとになってみると）、ささやかではあるが、わたしには大切な〝時の贈物〟となったのだと思っている。

＊

このときから二年が経ったある日のこと。

加藤さんから話のなかに砂澤ビッキが登場する『きこえる きこえる―ぽう神物語』（文渓堂）という幻想的な童話集が贈られた。そのなかに新聞のコピー（『北海道新聞』一九九四年五月十三日）も一緒に入っていた。コピーには「どこかにいる人」という題の加藤さんのエッセーが載っていた。はじめのほうを抜書きしてみると、こう書いている。

「たとえば深い山の中で。ササの葉に降る雨がふしぎな音をたてている。そこに何がいるのか、話し声がして、それは〝聞きたいなら聞いてもいいよ。関心がなければ早く行ってしまえ〟と言っている。

こういう経験は多少ともだれにでもあるらしい。

私の場合は、五歳ころが最初で、十代のころはとくに失意のときに出合った。そして職業社会や組織の現実からみて無用の人となりはじめたころから、再び現れた。

それは背後霊とかオカルトとか、権威と組織による宗教とか、そういうものとは関係がなく、自由で無責任でいたずら好きで、何よりも語りを聞いてもらいたがる。

一年ほど前、その存在に〝ぽう神〟という名前をつけてやった。

地球生成のころからいたこの神は、気まぐれで身勝手なゆえにカミの世界のオチコボレで、自分のことをオレと呼ぶから、一応オスということになっている。

その〝ぽう神〟が語ることを多少ひやかしながら記録して、この四月に一冊の本にした――」

この「ぽう神」というのは、移り身の早いある種の幻影といってもいいかもしれない。たしかカタルーニアの詩人ロルカが、その幻影を〝ドーエンデ〟と呼んでいたのをおぼえているが、いずれにせよ（このあとに萱野茂さんの本や砂澤ビッキのことが出てくるので）、アイヌの神をそれとなく暗示したものであろう。

加藤さんは不思議な人で（振り返ってみると）、まったく予期しないときに声をかけてくる。そして、わたしのことを〝タダヤスの守〟と呼ぶ。いかにもサムライ風だ。どうしてなのか訊ねたことはないが、こどものころからわたしの名前は呼びづらいので、もっぱら苗字で呼ばれてきたせいか、案外に（乗せられると踊る阿呆ではないが）、いい気分になるものだ。旧幕の敗者の殿様みたいである。勝ち組のイメージでないところがいい――などと独り合点しているが、いまは亡き酔興の詩人岡田隆彦氏も、酔眼で、わたしをみながら殿様風に呼んでは、よくからかわれたものだ。たぶん、アザラシとかオットセイとか、そんなのが群れからはぐれて、川に姿をみせたときの、あの何とも滑稽というか、生き方の基本を生きている存在への、一種の共感みたいなものが、そこにはあるのかもしれない。

わたしの詮索はあてにはならないけれども（それはさておき）、詩人というのは、あたえられたことばをまるで空気を吸い込むように、スーッと生得の耳に受けとる人のような気がする。眼だってどこを向いているのやら。遠くのほうをみている視線はまるでフクロウのようだ。苦い顔して我慢しているようだが、いつだって腹のなかでヘラヘラ笑っている（いや失礼！）。天邪鬼な詩人の魂は、わたしには不思議に醒めているごとくに思えるのだが、さて、どうなんだろう――。

「自分を憐れむという贅沢がなければ、人生なんていうものは堪えられない」（『ヘンリ・ライクロフトの私記』平井正穂訳、岩波文庫）といったのは、ジョージ・ギッシングだ。別にあやかるわけではないけれども、加藤さんと夜の雪道を互いに足を滑らせないように歩いた、あの夜のことをわたしは忘れようもない。それは小樽でのことだった。

改修の市立小樽美術館に、一原有徳記念ホールが開設された。そのリニューアル・オープン記念の一環として講演（「土方定一と一原有徳」）をたのまれたのは、二〇一一年の十二月三日のことだった。

わたしの話は館報「緑鳩《アオバト》」（10号）に、学芸員の星田七重さんの手で活字に起こされた講演録として載っている。いつものように散漫で思いつくままだから汗顔の至りである。旧知の人たちのなかに、一原さんの子息正明氏、俳句仲間の末岡睦さん、彫刻家の鈴木吾郎氏などの顔があった。写真家の佐藤雅英氏がわたしの肖像写真を撮ってくれた。ちょっと（興奮してしゃべったので）長くなったが、館長の佐藤敬爾氏が、まあ、よかったんでないかい――といって、終了後に、ちかくの「藪半」に案内してくれた。

酒量のあがらない加藤さんが真っ赤な顔をして上機嫌だったが――そのあとのことは書かない。

わたしのホテルまで送るよ、というので、ほんの数分のところだったが、一緒に、おぼつかない足取りで歩いた。加藤さんは自分が小樽に小さな根拠（仕事場といったかな）をもとうとしたのは、かつて一人の貧しい友人と過ごした一夜のことが脳裏にあったからだ、というような話をされた。そして詩人の米谷裕司さんがいるしね――といった。

握手をかわして別れた。わたしはもう少し事のいきさつを聞いておきたいと思って外へ出た。けれども加藤さんの姿はみえなかった。

『美術ペン』136号（二〇一二年春号）

Ⅳ

描かれたものがたり

美術と文学の共演

美術と文学の共演の話をしたい。あえて共演と形容したのは、美術と文学が、たがいに照応し想像の刺激を共有しながら、時代の文化・芸術の思潮とも相互に関連をもって、じつに興味深い展開を示すことがあった、とわたしは考えるからである。

どういうわけか、いまでは美術が文学に接近しているということだけで、美術本来の自立的な表現性に欠けた印象をあたえ、いささか否定的な見方でとらえられている。蔑称とまではいわないが、美術と文学との親和が評価の見積もりを下げて、やれ、その絵は文学的で説明的だとか、詩的ではあるが情緒的だといったような言い方がよくされる。思わせ振りな絵や過剰に情緒的な絵あるいは陳腐な主題の絵には、こうした揶揄も避けられないが、この種の次元の低い文学との関係のなかの絵との馴染みがながくつづけば、正直なところ「もうたくさんだ」といいたくもなり、何か新たな意味の掘り起こしの期待をいだくのも当然といえば当然のことである。

特にここで強調するまでもないことかもしれないが、文学はその本質において諸事象の時間的な連なりを示し、美術とりわけ絵画は定着した現実を示す——といっていいだろう。これはジェフリー・マイヤーズの『絵画と文学』（松岡和子訳、白水社、一九八〇年）の受け売りである。さらに付け加えるなら絵画には、経験の同時性を生み出す性質があるということである。つまり、変貌する現実の定着ということになる。現代美術に関心をもつようになると、その傾向はもっとはっきりする。いわゆる詩情的なものの介在を拒否する傾向をもつようになるからである。要するに現実をより実質的・即物的にとらえなければ、現実の定着にならないのである。

こうした視点でとらえられた美術の現在が、従来の文学的な性向を多分にもった美術に距離をとるようになるのは、美術がけっして「失われた時間」のなかに生きることができない以上、これはいたしかたのないことなのである。文学との距離をとるといっても、そのこと自体が美術の領域にたいして問題なのではない。文学との親和そのものを度外視することが問題なのである。

美術が久しく生活感情から自立できなかった、という日本的事情を、ここで持ち出すつもりはないけれども、たしかに文学的であるかないかというのは評価の分かれ目で、視覚の領域としての美術に限定すれば、文学的であるというのは、それだけ不純なものをかかえているということになる。

しかし、これも程度問題である。ことば＝思索の運動と美術がいろいろな意味でかかわっているかぎり、美術と文学の関連もまったくの無とするわけにいかないのである。何らかの関係をもってしまうからである。問題はその関係性である。文学的である――ということを紋切り型の非難とするかぎり、これは美術の一面をみているに過ぎない。事態はもう少し複雑である、とわたしは考えている。

＊

すでに過ぎ去りし時代の気分のなかにあったことを、いかにも金科玉条にして現代を批判的にみるための手がかりとするのではない。これはもともと時代の推移と連れだって変化したことである。したがって、美術と文学の親和といっても、それはあくまでも過去に属する事象である。たがいの関係をそれぞれの再生のうちに実現しうるのであればともかく、美術が文学との縁を稀薄にしてしまったというのは、そこにはそれなりの理由があったというのが、わたしの解釈である。

美術と文学との関係の回復が、はたして現在の美術にとって、どのように有効な一面を拓くことになるのか、それはわたしにも想像できない。仮に想像上のこととしても、そこに新しい意味の発見がなければ、単なる郷愁でしかないだろう。結局のところ狭い私語の範囲にとどまるにちがいない。

しかし、いずれの場合にせよ、妙な言い方だが、わたしは文学との縁切りには立ち会いたくはないと思っている。それだけ文学に惹かれるものを強く感じている、ということなのである。

このところ、美術の現在に、いささかなりともつきあいをもつ体験からすれば、これはやや時代に逆行するような意見と映るかもしれない。しかし、あまりにも電気的映像の氾濫している時代のなかにいる今日の作家が、一般的な傾向としてみせているのは、無機的で表層的な次元にとどまっているという印象である。したがって、どこかに深さの暗示を求めたく思うのはわたしだけだろうか、おそらく、そうではないと思う。それがすなわち文学なのかどうかは明らかでないが、やはり、何か大切なものが美術の世界から失われているという印象を拭うことはできないのである。

もとより、このことは美術と文学の関係だけで説明のつくことではない。いってみれば、文化全般にわたる時代の趣向ともさまざまなかたちで関連していて、それだけに美術がどういう状況下にあったのかということもまた視野にいれておく必要がある。

わたしのような世代のものが、時代と激烈なかたちで切り結んだという実感をもったのは、戦後も回復の兆しがみえた高度経済成長期の六〇年代後半のことであるが、その頃のことをあれこれ想い出してみると、日本の美術的状況にかぎってみても、それまでの変革のなかでかなり性格のちがうものだったように記憶している。いわゆる「近代」がもたらした芸術表現の、信じるにたるさまざまな約束が、一気に崩壊してゆくような感じをいだかせられたからだが、これはある意味で視点の拡散や「個」の不在を招き、文明のさまざまな虚像と実像との境界をきわめてあいまいなものにした。

そんななかで、新しい美術の現象を示す「反芸術」ということばが、まるで呪文のように若い作家たちに用いられたのを覚えている。わたしの記憶のなかに探れば、大きな転換を画したポップ・アートの影響がクローズ・アップされてくるし、特にジャスパー・ジョーンズの個展（京橋、南画廊、一九六五年）をみたときの衝撃が強く印象に残っている。それまでいだいてきた美術の見方を根底から覆すものであった。何かあらたなる転換を予告する芸術の針が、一気にまわりはじめるような感じでもあった。そのことの意味をいささかなりとも分かりかけたのは、ずうっと後のことであるが、直に接したそのときのわたしの印象は、妙に物質的なものだという感じであった。どことなく冷たい感触をいだいたのも、おそらく、そのせいかもしれない。

日常的な「場」に、日常的な「もの」が存在しているという、このごく当たり前のことが、何となしに怪しくまた不思議なものにみえた。あるいは人間感情や情念の喚起を極端に排除するものがあった。こうした傾向にたいして、わたしは共感できなかった。しかし、対象をとらえるとらえ方や見方、あるいは「もの」にたいする問いかけのしかたに興味をいだかせられたことは事実である。

わたしの実感は、こんなふうに言い換えられるかもしれない。「現代芸術があらゆる可能性のなかに濫立し、解体しているとき、ジョーンズは、単純明快な事物や記号だけを、克明に丹念に再現し、その果てに芸術の虚妄を鮮やかに定着し、それは不思議な不在を示すものでもあった」（東野芳明『現代美術 ボロック以後』美術出版社、一九六五年）

こうした背景には、所与の芸術表現にたいする断念の思いが大きく作用していたのではないかというのが、わたしの解釈であるが、いずれにせよ、ニューヨークから押し寄せてくる新傾向の現代美術が、戦後の日本美術に大きな衝撃をあたえることになった点に関しては否定できないし、ここであらためて、その経緯について説明するのは止したい。

＊

目まぐるしいほどに、新しい傾向の美術が次々に登場したこの転換期に、有形無形、時代の状況と関連しながら美術と文学は、それぞれがもっている固有の表現領域とその枠組みを大きく変化させることになったということを強調しておきたい。

といっても美術や文学に時代の状況が直截的に反映したとするものではない。それは時間的にも相前後しながらまことに予測のつけがたい状況のなかで、美術に、そして文学に、ある意味で大きくて深い影を落とすことになったといえるものだったからである。

例えば戦後美術の一隅を照らした河原温の《浴室シリーズ》（一九五三―五四年）などを想起するひとがいるのではないかと思う。そのなかの一点に、こんな絵がある。腕が切られ、切断された臀部が転がっている。浴室は血でみたされていて、ひとりの男がそのなかに入っている。しかし、生きているのか死んでいるのか分からない。ちぎれたシャワーをもって立っている女の顔は傷だらけで腹部は異常にふくらんでいる――というような凄惨な感じのものである。人間の想像力が不思議なほど物質的な感触をもとめるものであるということを端的に示す例でもあるが、これはほかでもなく、敗戦後の状況を一種の隠喩として表現した作品といっていい。

連想を逞しくすれば、ここにはカフカの『変身』のような小説、あるいは安部公房の『壁―S・カルマ氏の犯罪』とか大江健三郎の『死者の奢り』などの初期の短編にみられる不安や恐怖との類縁性があるように思える。わたしが実存主義文学との関連を考えるのは、現実が個人を侵食してゆく過程のなかで、はたして真の人間回復がありえるのか、またこころに描く社会のかたちがいかなるものとなっているのか、という興味に誘われるからである。が、同時に画家の描いた世界、つまり、ここでいう河原温の《浴室シリーズ》や、それにつづく《物置小屋シリーズ》（一九五四年）などに代表される画像は、画家がその支配下に置いてきたイメージとむすびつくというよりは、むしろ、イメージの機能そのものがすでに剥奪されているような、そんな異貌の光景とよんでいい。

「事ではなく物を描く」「他の動物にひとしいような、そういうところまで自分の最後をいっぺん見極めてみたい」と語ったのは画家の鶴岡政男である（『美術批評』〈座談会〉一九五四年二月号）。

これはまさに戦争体験がひとびとの内部で風化せんとするときに、物質的な死が生に投げかける影の意味合いをできるだけ深くとらえようとしたことをものがたるものであった。死の相貌からの脱出と生への転換が、どこまで可能なのかどうかを執拗に問いかけても、結局、物質と精神のかぎりなく不透明な対話をくりかえしているにすぎなく、それは「個」の止揚という幻想の夜景をまえにしているようなものでもあった。したがって「事ではなく物を描く」ということばは、「そのへんの関係のあいまいさのまま、人びとの合い言葉となった。そこに、人間の部品化された状況の図解のような作品と、材質や既成品への新しい呪物崇拝の風潮が生じたのである」（針生一郎『戦後美術盛衰史』東京書籍、一九七九年）と要約できる。

画家は「個＝私」の内景を描いただけではなく、人間が物質化されていく世界の状況をも描かざるをえないところにいる。これはひろい意味で社会のかたちがどのように画家の内景としてとらえられていたか、ということでもある。わたしが実存主義文学を気にしたのは、時代を共有した実存主義の思想に興味づけられたからであるが、一種の隔離された場所というか不条理な存在をしいられている日常の、何とも形容しがたい「場」に関心をもっていたからである。

けっして自覚的な体験の裏打ちがあってのことではないが、これはある意味でわたし自身の実存的矛盾といえることだったかもしれない。そして政治的社会的な制度としての、現実の仕組みに衝突するものを内包していたのだが、どのように対応し折り合いをつけていいのか分からなかった。わたしにとって、それはまだ十分に育っていない課題であったということである。

＊

気障な言い方をすれば、青春を生きたという形容ともなるが、その頃のことを想起するときに眼に浮かぶいくつかの画像がある。ごく個人的な体験に照らして取り出す画像であるから狭い範囲の意見であるが、いまふりかえってみると、そこには美術と文学がじつに近いところにあったような気がしている。

ひとつはピカソの《ゲルニカ》であった。といっても二十世紀の絵画史に大きな位置を占める《ゲルニカ》（一九三七年）そのものではない。この作品の完成に至る過程を油彩による習作やデッサンあるいは版画などで構成した「ピカソ・ゲルニカ展」を国立西洋美術館でみたときのことであった。一九六二年の秋だったと記憶している。

これはわたしにとって大きな衝撃であった。ひとつの事件といってもよかった。絵がこれほどまでに衝撃的なものであるとは知らなかったからである。これ、といった絵らしい絵を、それまでみたことがなかったのであるから当然なのだが、しかし、大学での専攻を何にするか迷ったあげくに美術史を選んだ、その頼りない決断をしっかり抱きとめてくれたような体験でもあった。六〇年安保闘争後の一種の虚脱感に襲われて、わたしは何をしていいのか分からない毎日だったからである。

日常のなかの非日常との、大袈裟な言い方をすれば、生と死との境目に、突然、新しい「場」というか「魂の窓」のようなものがひらかれたような気がした。快い不安と連れ立った開放感を味わっていた。萩原朔太郎の『虚妄の正義』や『絶望の逃走』などをもち歩いて、喫茶店のはしごをしていた頃のことでもあったから、こころを動かされる対象については、どんなものでも一応の文学的言辞を弄して、分かったふうな気でいたかもしれない。《ゲルニカ》（習作）との出会いは、ことばの深い意味のことはともかく、絵をよむことの面白さをおしえてくれた。ずうっと後まで絵も文学だと思っていたくらいであるから相当の衝撃である。いまでもそのなかのいくつかは眼に浮かぶ。

完成作では画面右端の両手を挙げて、落下する女の姿にかえられてしまう《落ちて行く男》という題のデッサンがあったのを覚えているが、これは落ちて行くというより上昇して行くようにみえた。つまり、画面から飛び出してくる、そんな按配であった。まるで映画や劇画をみているような気分だった。

断末魔の人間像を描いた《ゲルニカ》の制作過程を示したものであったが、一種、寓意画にちかい作品もいくつかあった。コマ漫画のように、九つの場面に分けられた《フランコの夢と嘘》という銅版画もそのひとつで、わたしは話のぎっしりと詰まった小説を読んでいるというか劇画をみているような気さえした。

おそらく、黒澤明の『七人の侍』（一九五四年）をみて以来、そのファンとなったわたしが、その頃『用心棒』（一九六一年）や『椿三十郎』（一九六二年）などにすっかり魅了され、一方、白土三平の『忍者武芸帳』などをチラチラながめていたときのことであるから、どこまでこころを動かされ、それがまた、わたしの内部の風景にいかなる影を落とすことになったかという点に関しては怪しいものだけれども、絵画表現の独自性は別にして、わたしは絵画を支えているものとしての「ものがたり」に、ことのほか惹きつけられるところがあったということであろう。

あらためて記憶をたどると、その辺のことはまことに怪しいけれども《ゲルニカ》との出会いの少し後に、やはり、強い衝撃をうけたものとして白土三平の『カムイ伝』やつげ義春の『ねじ式』（『ガロ』青林堂、一九六四年創刊）などがあった。わたしが日本の近代美術とくに幕末・明治期の美術史にのめり込むきっかけは、職場の仕事（展覧会の手伝い）を介してあたえられたものであるが、自分のなかに知らず知らずのうちに養われたのは、ある意味で「ものがたり」の大切さということで、事実の内側に隠れている意味をどのようにものがたるか——ということだったのではないかと思う。

美術史はあくまでもその美術自体が提起する問題において、例えば歴史や文学や周囲の世界と関連をもつのである。が、性分といえば性分なのであろう、わたしはいわゆる近代的な時間の流れのなかではとらえにくい「ものがたり」に関心が向いた。後に幕末・明治期を主要な採掘の「場」とする美術史に、それこそのめり込んだが、たえず念頭にあったのは「ものがたり」の「磁場」ということであった。これはいささか堅苦しい感じの美術史をわたしなりに揺さぶってみたいという衝撃に駆られたからで、とくに深い理由があってのことではない。

まあ、ちょっと文学的というか、これまた愛読していた時代小説のいくつかのように少々面白く書いてみたいという気持ちから出たことのようであった。

ともあれ「ものがたり」の「磁場」をつくる手立てをおしえてくれたのは、特に幕末期に来日した外国人画家たちの視界に映った同時代の風景であった。横浜居留地の画家として初期の洋画史に名をとどめているチャールズ・ワーグマンが『イラストレイテッド・ロンドン・ニュース』に送った東禅寺襲撃事件の一連の絵（一八六一年）などは、その最たるものである。いわば歴史の舞台裏で描いた画家の絵といっていいが、いまでは歴史のなかに消えてみえにくい、こうした画家たちに何かしら形影をあたえることによって、そこに絵の表情がボンヤリと現れ、それをよみ解くスリルに誘われるのである。ややこしい言い方をすれば、内在的なものを外在化するのが美術であり、その逆が文学であるといえるかもしれない（拙著『海の鎖 描かれた維新』小沢書店、一九七七年／青幻舎、二〇〇四年）。

『カムイ伝』には大いに愛着をもった。その劇＝話の内容と画＝映像を一瞭《かが》りにすることばが吹き出しの内外に踊っていたからである。もっと積極的な言い方をすれば、それは漫画における吹き出しの効用を、一種の「言語活動」（小説における台詞も似たようなもの）としての視点でとらえ、たんに台詞を運搬するばかりでなしに、さまざまな隠喩の容器と化すという見方であった（四方田犬彦「風船のさまざま」『ちくま』一九九二年十一月号）。それを可能にするほどに、この劇画は不思議なリアリティーをもって迫るものがあったのである。

『描かれたものがたり』〈岩波近代日本の美術5〉（岩波書店、一九九七年）

あとがき

これは前著『鍵のない館長の抽斗《ひきだし》』(求龍堂、二〇一五年)につづくエッセイ集である。わたしの抽斗から「美術と文学」にかかわる文章を選び出して、一括りにしたのだが、すべて求めに応じて書いたものである。したがって長短さまざまな文章からなっているけれども、ここではⅠ=美術と文学、Ⅱ=詩と絵画、Ⅲ=文学散歩、Ⅳ=描かれたものがたり――というように大雑把な章分けをこころみ、また各エッセイの最後には出典(初出)を記した。そのほとんどは、この十数年のあいだの原稿であるが、なかには「高見順と素描」のように、三十年以上まえのものもある。

ともあれ、それぞれ単独のエッセイとなっている。どこから読んでもらってもかまわない。ただ、この本の主題に近いということになれば、「美術と文学の共演」ということになるだろうが、あえて、わたしは最後のⅣに収めることにした。

＊

さて、あとがきなのにサラッといかない。わたしのわるい癖で、ある展覧会のことが、妙に気になっているのである。

それは「中原中也と富永太郎展　二つのいのちの火花」（県立神奈川近代文学館、二〇〇七年四月―六月）である。とりわけ二十四歳で夭折した詩人画家・富永太郎の絵画の印象が、あまりにも強烈なものだったからだが、同時にそれはモダニズムの濃密な空気の動きを鮮烈に視覚化した世界を示していて、まさに「詩と絵画」（あるいは文学と美術）における相互浸透の、奇跡的な例証者が、ここにいるではないか――と思わせるものであった。

このときのことが忘れがたいのは、ほかにも理由がある。文芸批評家・樋口覚氏の監修で製作された番組（「富永太郎と山繭」）の話し相手の一人に招かれ、富永太郎の絵画についてビデオ出演（展覧会をまえに）したことがあったからだ。わたしは再読三読して付箋をつけた大岡昇平氏の三百数十ページに及ぶ「富永太郎―書簡を通して見た生涯と作品」を収録した『大岡昇平集12』（岩波書店、一九八三年）を鞄に入れていったのをおぼえている。

＊

一年ほどまえのこと。ある友人から「奈良美智さんが、あなたのことをツイートしているよ――」と言われたことがあった。よく判らなかったので、わたしは美術館の若い学芸員におしえてもらい、プリントアウトされた数枚をわたされた。それは奈良氏が拙著『積丹半島記』（東京パブリッシングハウス、二〇一三年）にふれた内容であった。わたしが子どものときに習った絵の先生（長田正之助）の《愛あるところに神あり》（一九五四年）

に興味をもったということ、またわたしと同郷のアイヌの歌人違星北斗《いぼしほくと》の歌を引いているのを知った。

わたしはツイッターをしないので、奈良氏との対応を怠ったままである。しかし、この現代美術界のスター的存在である奈良氏に、無名の画家の作品が、何らかのかたちで氏の視覚を刺激し、アイヌの歌人の歌が氏の詩心を大いにくすぐっている——という話は、電子機器の対応に慣れていないわたしであっても嬉しく、ちょっと昂奮した。

こういう話を、わたしは「片隅の美術と文学の話」にくわえたいのだが、どうだろう。

*

終りに、掲載時の担当編集者をはじめ、煩雑な仕事でしばしば助けてもらった美術館や文学館の学芸諸氏、前著につづいてお世話になった清水恭子氏、また対談相手の吉増剛造氏と窪島誠一郎氏——に、この場を借りて感謝を申し上げたい。そして旧知の益田祐作氏にお願いして、敬愛する柚木沙弥郎氏の装画で、この本を飾ることができたことを悦び、あらためて、御礼申し上げます。

二〇一七年三月

小坪の仮寓にて　著者識

酒井忠康（さかい・ただやす）

一九四一年、北海道生まれ。慶應義塾大学文学部卒業。一九六四年、神奈川県立近代美術館に勤務。同美術館館長を経て、現在、世田谷美術館館長。『海の鎖　描かれた維新』（小沢書店、一九七七年）と『開化の浮世絵師　清親』（せりか書房、一九七八年）で注目され第一回サントリー学芸賞受賞。その後、美術評論家としても活動。主な著書に『若林奮　犬になった彫刻家』（みすず書房、二〇〇八年）、『早世の天才画家』（中公新書、二〇〇九年）、『彫刻家との対話』（未知谷、二〇一〇年）、『鞄に入れた本の話』（みすず書房、二〇一〇年）、『ダニ・カラヴァン』（未知谷、二〇一二年）、『覚書　幕末・明治の美術』（岩波現代文庫、二〇一三年）、『ある日の画家　それぞれの時』（未知谷、二〇一五年）、『鍵のない館長の抽斗』（求龍堂、二〇一五年）『芸術の海をゆく人　回想の土方定一』（みすず書房、二〇一六年）などがある。

片隅《かたすみ》の美術《びじゅつ》と文学《ぶんがく》の話《はなし》

発行日　二〇一七年 四月二十七日
著　者　酒井忠康（さかい・ただやす）
発行者　足立欣也
発行所　株式会社求龍堂
東京都千代田区紀尾井町三―二三
文藝春秋新館一階　〒一〇二―〇〇九四
電話　〇三―三二三九―三三八一（営業）
〇三―三二三九―三三八二（編集）
http://www.kyuryudo.co.jp
装幀　神田宇樹
編集　清水恭子（求龍堂）
印刷・製本　図書印刷株式会社

ISBN978-4-7630-1712-3 C0095